중국을 뒤흔든
불멸의 여인들
중국 역사상의 10대 여성 1

중국을 뒤흔든
불멸의 여인들

중국 역사상의 10대 여성 ①

장숙연 지음
이덕모 옮김

어떤 역사적인 인물은 그들의 경력, 성취, 언행과 심지어는 기호와 취미까지 역사학자들의 연구대상일 뿐 아니라, 보통 사람들이 차를 마시고 밥을 먹으면서 한담하거나, 관심을 가지는 대상이 되기도 한다.

그들의 이미지는 역사적인 저작이나, 소설, 시가詩歌 심지어는 길거리의 소식지에도 반복해서 나타나고 있다. 이 또한 이러한 역사적인 인물들의 이미지가 가진 장구한 생명력과 광범한 흡인력을 반영하고 있다.

현재 시중에 역사적인 인물에 대한 서적은 매우 많아서 심지어는 소가 땀을 흘리며 실어 날라 건물을 꽉꽉 채울汗牛充棟 양이라고 할 수 있을 정도이다. 어떤 책은 역사적인 인물의 일생에 대해서 깊이 있고 상세한 설명을 하며 어떤 책들은 중대한 역사적인 사건을 기술하면서 관계된 역사적인 인물에 대해 세밀하게 묘사하고 있다. 이런 책 중에는 정사正史로서의 기록과 흥미 위주로 읽게 쓴 책 등 문장의 형식과 문체가 다종다양하다.

그러나 정사와 흥미 위주의 서술을 비교적 조화롭게 결합하여 서술한 책은 뜻밖에도 매우 적은데 반해, 상당수의 독자들은 역사적인 인물의 고사를 읽음으로써 일정한 역사적인 지식을 얻는 동시에 소설을 읽는 재미를 누리고자 하고 있음을 우리는 발견했다.

그래서 우리는 역사적으로 널리 이야기가 전해져 오는 인물들을 골라서, 그들의 전설적인 행적과 삶의 기록을 역사적인 사실에 부합하게 예술적으로 표현하고자 했다. 우리가 하고자 하는 것은 역사적인 안목으로 바라보며, 예술적인 수법으로 표현하는 것이다. 따라서 여기의 역사적인 인물들에 대한 우리들의 묘사는 사건의 줄거리에 있어서는 완전히 역사적인 사실에 부합하나, 세부적인 서술에서 약간의 상상을 더하여, 독자들로 하여금 역사적인 사실의 편린을 지식으로 흡수하면서, 동시에 독서하는 즐거움을 누릴 수 있도록 하였다.

이 총서叢書의 또 다른 특징은 우리가 여기의 역사적인 인물에 대해서, 끝없이 상세하게 묘사한 것이 아니라, 그들의 생애에서 가장 대표적인 몇 가지 사건을 골라서 기술하였다는 것이다. 그러므로 우리의 책에서 각개의 역사적인 인물에 대한 편집은 상당히 제한되는바, 독자들이 최대한 짧게 축약된 책으로부터 최대한 많은 내용을 섭취함으로써, 귀중한 시간을 절약할 수 있기를 바란다. 이 총서는 편집의 폭은 크지 않지만, 독자들이 이 책을 읽으면서 다른 두터운 책을 읽는 것과 마찬가지로 역사적인 인물에 대하여 기본적인 지식을 모두 섭취할 수 있을 것이라고 말할 수 있다.

당 태종唐太宗은 말했다. "구리로 거울을 만들어 보면 의관을 바로 잡을 수 있고, 사람을 거울삼아 보면 득실을 알 수 있고, 역사를 거울삼아 보면 흥망성쇠를 밝힐 수 있다以銅爲鏡, 可以正衣冠; 以人爲鏡, 可以知得失; 以史爲鏡, 可以明興替."라고.

이 책에 나타난 인물들은 모두가 선명한 개성과 독특한 인생을 살았으며, 비록 "전형적인 환경 속의 전형적인 인물典型的環境中的典型的人物"이지만, 그래도 얼마간은 인간성의 공통된 특질을 보이고 있다. 그들의 신상에서 얻을 수 있는 경험과 교훈은 일개 국가를 다스리는 그런 큰일만이 아니라, 기업을 관리하고, 사람을 접대하며, 동료나 친구들과의 관계를 처리하고, 가정의 갈등을 해결하는 등 일상의 작은 일에 이르기까지 모두 참고가 되고 귀감이 된다. 그러므로 우리는 독자들이 이 일련의 총서를 읽는 과정에서 유명한 고사들이 여러분들에게 가져다줄 재미를 맛봄과 동시에, 스스로의 사고를 통하여 인생과 처세의 계시를 얻을 수 있기를 희망한다.

이 책을 편집함에 있어서 많은 저작과 논문 등 자료를 참고하였는데, 여기에서 그 저자들에게 충심으로 감사의 말씀을 드린다.

저자 장숙연

차 례

■ 문성공주

2권 차례

달기

　　그녀는 역사상 유명한 재앙을 부른 미녀이며, 신화나 전설상 여우로 묘사되어 있다. 그녀는 임무를 띠고 주(紂)왕에 접근했으나, 일련의 심리적인 타격을 받은 후 임무를 포기하였으며, 점차 타락하여 결국 스스로 무너져 내렸다. 그녀는 일종의 실패한 여간첩이며, 동시에 청춘도 사랑도 생명까지도 헛되이 버리고 최후에는 천고의 악명을 지게 되었다.

－달기(출생 및 사망 시기 불명)

달기
妲己

정으로 정해진 삼생 | 情定三生

달기는 상商대 마지막 황제 주紂왕 치하에 태어났다. 주왕은 성은 성成이요, 이름은 수受로 그의 부친은 을乙로서 심혈을 기울여 나라를 잘 다스린 군왕이었다.

주왕은 20세에 왕위를 계승했는데 당시 상商왕조는 300년이 되었는 바, 국력이 웅후雄厚하며 물산이 풍부하고, 민생은 풍요로워, 민심이 안정되어 있었다. 선제는 일군의 명망 있는 신하들과 지혜로운 재상을 물려주었으며 주왕은 그들의 보필하에 일찍이 정사에 전념하였던 결과, 정치에 밝아 주변이 모두 평안하였다. 주왕은 혈기방장하며, 무용이 뛰어나, 전하는 바에 의하면 맹수와도 싸울 수 있어 그 신용神勇

은 당대에 겨룰 사람이 없었다고 한다. 동시에 그는 매우 총명해서 언변이 유창한 데다가 음률에 통달하고 용모가 수려하며 풍채 또한 비범하여, 자기주장이 강하고 늘 천하 사람이 모두 자기만 못하다고 여겨서, 스스로 문무겸전, 지용겸비를 표방했다. 그는 또 왕성한 국력과 자신의 넘치는 기운으로 남동방향의 크게 발전하여 토지가 비옥한 지방 부족들을 정복했는데 그곳이 오늘날의 회하淮河유역이다.

주왕 재위 40년 되던 해, 즉 기원전 1047년 주왕이 영토를 계속 확장하여 유소有蘇국 변경에 이르렀을 때, 이를 당하고만 있을 수 없었던 유소국의 왕 소호蘇護는 그의 딸 달기를 바치면서 강화를 구할 수밖에 없었다.

달기가 주왕에게 갔을 때 그는 이미 60세 노인이었으나, 달기는 막 청춘에 이르러 그 용모가 아름다운 데다 미사여구로 정情을 전하니 주왕은 바로 온 마음을 빼앗기고 말았다. 그러나 소왕이 달기를 헌상한 것은 우선은 주왕의 예봉을 피하기 위함이었지만, 한편으로는 더 큰 음모를 꾸미기 위함이었음을 주왕은 알지 못하였다.

달기는 어릴 때부터 다른 여자애들과 달리 큰 눈에 물기가 가득하여 한 쌍의 야광명주와 같았다. 달기가 태어날 때 무당은 이 아이가 비범하니 세심하게 보호하면 장차 큰 인물이 될 것이라며 잘 키우라고 신신당부했다.

이렇게 달기는 자라면서 더욱 사람들의 사랑을 받았다. 아름다운 머릿결은 먹물을 머금은 듯하고, 살굿빛 얼굴에 뺨은 복숭아빛으로 물들은듯 하며, 눈썹은 봄산의 옅은 그림자 같고, 눈동자는 가을 파도가 출렁이는 것 같으니, 해당화에 취한 해며, 비 머금은 이화보다 아름다웠다. 이런 달기를 소호왕이 지극히 사랑하였음은 물론이다.

그리하여 소호왕은 그 딸을 위해 부용원을 특별히 짓고, 그 안에 큰 연못을 파고 연못 가득 부용을 채워 넣었다. 여름이 되어 부용이 만개하면 정원 가득한 풍경은 눈에 다 담을 수 없을 정도이며, 붉은 꽃, 푸른 잎은 송이마다 요염함을 다투었다. 그러나 꽃이 아무리 아름다워도 달기의 요염함에는 미치지 못했다.

달기의 아름다운 용모는 멀리까지 소문이 나고, 15세 되던 해에 청혼하러 오는 사람들로 문턱이 닳아 헤질 지경이었는데, 이렇게 오는 사람들 대부분은 제후의 왕손, 왕자였으며, 더러는 조정의 대신, 장군도 있었다. 고대에 혼인은 모두 부모가 결정하는 것이어서 달기는 이렇게 오는 사람들을 모두 모르고 있었으나, 그 아버지 소호는 청혼해온 젊은이들 가운데 고르고 골라 드디어 만족할만한 인물을 찾았으니, 그가 바로 서기西岐왕의 둘째 아들 희발姬發이며, 후에 주周 왕조를 일으킨 주나라 무武왕이었다.

서기왕은 바로 훗날의 주나라 문文왕이며, 당시는 상 왕조의 국력이 강성했으므로 서기왕도 이에 복속했으며, 그의 나라는 상 왕조 서족 끝의 일개 속국屬國이었다.

희발은 용모가 준수하고 기품이 있어 제왕의 풍모를 갖추고 있었다. 그 위에 그는 사람됨이 은인자중하며 내면으로 사색하고 관후인자하였으니, 소호는 크게 만족하였으나 그 딸이 어떻게 생각할지 몰라서 우선 두 아이들을 대면시키기로 했다.

때는 부용이 막 만개한 때로서 달기는 일어나 정원에서 하루 밤새 연못 가득 피어난 부용을 보며 즐거워 어쩔 줄 몰랐다. 그녀는 팔딱 팔딱 뛰어 연못가로 와서는 소리치며, 손짓해서 여종을 부르고 치마를 걷어 올리고는 생각할 틈도 없이 물에 뛰어들어 몇 번 풍덩거리더니, 사방 꽃과 꽃잎에 튀어서 아름다움을 자아내는 물꽃(물방울)을 보며 킥킥 웃기 시작했다.

15세의 달기는 아직 어린애로서, 여자로서의 예의범절은 갖추지 못했고, 소호왕에게는 천금 같은 딸이지만 아직 배운 바는 다소 부족했다. 달기와 여종은 치렁치렁 보석으로 장식한 치마 위를 흘러 발꿈치까지 닿는 갈래 머리를 늘어뜨리고 웃고 떠들며, 때로는 연못을 거울삼아 스스로를 비춰보며 도취하였다.

이렇게 웃고 떠들다가 달기는 연못에 자신과 여종의 그림자 외에 한 남자의 모습이 비치는 것을 보고 저도 모르게 "아!" 하고 소리쳤다.

이 젊은 남자가 바로 희발이니, 그는 달기를 보고 저도 모르게 감탄하여 "달기는 과연 절세가인이구나."라고 한마디 했다.

그러나 달기 자신은 이 불청객에 대해 적개심을 갖고 "대체 누구요?" 하고 힐문했다.

희발은 예를 갖추고 "저는 서기왕의 둘째 아들 희발로서 아가씨 부친의 초청으로 여기 손님으로 와 있는데, 실례되었다면 넓은 마음으로 용서하여 주십시오."라고 말했다.

"아, 그랬던가요." 달기가 한숨을 내리쉬고, 이 젊은 공자를 살펴보니, 두 줄기 짙은 칼날 눈썹에 깊은 눈동자만 보아도 그 의표儀表가 비범함을 알 수 있었다. 희발이 달기를 볼 때 희미한 웃음을 흘리고 있는 것도 달기를 좀 부끄럽게 했다.

달기는 이미 15세가 되었으나, 남자를 본 적이 매우 드물고, 한번도 남자에게 끌린 적이 없었다. 그러나 이 한여름 이른 아침에 이렇게 이목이 수려한, 더구나 언사 또한 비범한 남자를 마주치자 이 15세 소녀의 가슴에 자신도 모르게 잔잔한 물결이 일었다.

이날 이후 희발은 날이면 날마다 달기를 찾았으며, 원래 희발에 대한 인상이 좋았던 달기 또한 시간이 쌓여 가면서 더더욱 호감을 갖게 되어 버리지도 헤어지지도 못할 지경이 되었다. 소호왕이 보기에도 달기가 희발 공자에 대해 매우 만족하고 있으므로 이 혼사를 결정하고, 희발로 하여금 귀국하여 날을 받아 혼례를 올리도록 하였다.

서기西岐국은 유소국으로부터 매우 멀어서 희발은 간지 두 달이 되도록 돌아오지 않았다. 부용원의 연못 가득한 연화가 모두 지고, 날씨마저 차가워졌으나 달기가 그토록 기다리던 희발은 그림자조차 보이지 않았다.

이때 상나라 주왕은 계속 영토를 확장해 갔는데, 병력이 강성해서 대항할 자가 없었으며, 전후로 주위의 많은 소국을 병탄하고 이어서 창끝을 유소국으로 향하였다.

유소국은 일개 소국으로 영토가 작고 인구도 희소한 바, 소호왕이 어떻게 외적의 침입을 막을까 근심하고 있을 때, 주왕의 사자가 왔다.

소호는 주왕이 병력을 보내지 않고, 사자를 보낸 것은 또 무슨 의도일까 의아해 했다. 그때 사자가 들어와서 주위를 돌아보더니, 소호에게 "그대가 소호인가?"라고 물었다.

"그렇소." 소호는 시종을 시켜 사자에게 차를 따르게 한 후 "대왕께서 이 누추한 곳에 사자를 보내온 것은 어떤 가르침이 있어서이신지요?" 하고 물었다.

사자는 웃으면서 말했다. "이번에 온 것은 강화를 하려는 것이며 다른 뜻이 없소이다."

소호는 적이 놀랐다. '상나라와 유소국은 국력이 크게 차이 나는데 이번에 주왕이 사자를 보내 강화를 청하는 것은 필시 다른 요구가 있으리라, 그건 또 뭘까.' 하고 생각했다.

사자는 소호의 신색을 살피더니, 미소 지으면서 말했다. "듣자니 귀국에 달기라는 여자가 있어 그 아름다움이 꽃과 같다고 들었소. 우리 대왕께서는 귀국과 창칼로 다투고 싶지 않아서 이렇게 일거양득의 좋은 의견을 내셨습니다. 만약 그대가 달기를 우리 대왕에게 바친다면 우리는 이번 전쟁을 피할 수 있지 않겠습니까?"

소호는 일순간에 안색이 굳어졌다. '달기는 자기가 가장 아끼는 여식이며, 이미 배필을 정해 주지 않았던가? 주왕은 이미 60세가 넘었다 하고, 후궁도 그렇게 많다는데 내 어찌 친생 여식을 불구덩이로 밀어 넣을 수 있으리요?'

사자는 소호가 곤란해 하는 것을 보더니 말했다. "잘 생각해 보시오. 대왕께서는 그대에게 10일의 기한을 주셨으니, 10일 이후에도 아무런 답이 없이 시간만 끌었다가 우리 대왕을 인정 없다고 원망할 생각은 마시오." 하더니, 소매를 털고 흔들면서 홀쩍 떠나갔다.

사자가 간 후 소호는 한참동안 앉은 자리에서 움직이지 못했다. '희발은 아직 오지 않았고, 온다 한들 무슨 수가 있을 것인가? 그 또한 일개 신하에 불과한데 신하가 왕과 다툴 수 있을 것인가? 보아하니 여식에게 미안하지만 어쩔 수 없는 일이다.'

달기는 이 소식을 듣고 울다가 까무러치고, 깨어나서 또 울었으나 역시 아무런 수가 없었다. 그녀는 비록 시국에 대한 식견이 넓은 것은 아니지만 이 시절 부친이 매우 곤란해 하고 있다는 것은 알고 있었으니, 소국을 보위하기 위해서는 자신이 눈 딱 감고 주왕에게 갈 수 밖에 없었다.

날씨가 점점 추워져서 나뭇잎도 이미 노랗게 변해 떨어져 날리던 어느 날 달기는 나무에 기대어 손을 뻗어 낙엽 한 잎을 잡고 말한다. "나뭇잎아 나뭇잎아, 너 일찍이 그렇게 푸르고 싱싱했건만 오늘 이렇게 쇠락하였네. 그래도 너는 나무를 사랑하는 거지, 안 그래? 나무는 내년이면 더욱 왕성할 것이기에 너는 기꺼이 떨어져 가는 것이지?" 그녀는 참지 못하고 눈물을 뿌리면서 이어 말한다. "나는 곧 바로 주왕에게 시집보내질 텐데, 희발, 희발 그대는 어디에 있나요?"

불현듯 나무 아래 커다란 그림자가 나타나서 그녀의 그림자와 겹쳐지더니, 그림자의 주인공은 그녀의 눈물을 닦아 주며 그녀의 손을 끌어 잡았다.

"희발?"

"달기, 내가 너무 늦게 왔구려, 일이 생긴 건 나도 들었어요."

"희발……." 달기는 어떤 말도 하지 못하고 희발의 품에 뛰어들어

대성통곡했다.

한참이나 지나서 희발은 그녀의 눈물을 닦아주고, 손을 잡으면서 말했다. "나를 따라와요."

달기는 무슨 일인지 의아해 하며 그를 따라갔다.

희발은 달기를 데리고, 무수히 많은 사람들의 이목을 피해 오래 전에 폐허가 된 한 정원으로 갔다. 정원 어귀에는 낙엽이 한층 높이로 쌓였고, 문간은 거미줄로 가득 찼으며, 온통 먼지 투성이었다. 문 틈 새로는 으스스한 한기가 있는 듯 없는 듯이 배어 나와 절로 등골이 오싹해졌다. 달기는 저도 모르게 물러서려고 했으나, 희발은 오히려 그녀의 손을 꼭 잡고 안으로 뚫고 들어갔다.

"여기가 어디예요?" 달기가 물었다.

"쉿!" 희발은 소리를 낮추라고 주의 주면서 말했다. "여기에 한 점술가가 감금되어 있어." 희발은 잠시 후 다시 물었다. "당신 자신의 운명을 알고 싶어?"

달기는 고개를 끄덕였다.

"그럼, 나를 따라와요."

달기가 보니 희발의 얼굴 가득 신비스럽고 결연한 기운이 감돌아 저도 모르게 그의 손을 꼭 쥐었다.

그때, 어두운 곳으로부터 음성이 들려 왔다. "두 사람은 엄하게 봉해진 이곳에 감히 무슨 일로 넘어 들어왔는가. 보아하니 담대하고 식견도 있는 젊은이들이군. 무슨 일인지 터 놓고 말하시게."

희발이 답했다. "우리 두 사람의 미래를 가르쳐 주십시오."

그 음성은 한참을 생각하더니 한마디 했다. "자성紫星의 광채가 밝은 낮을 빼앗고, 창백한 월광은 하늘을 반이나 가리네."*

희발이 무슨 뜻인지 물으려고 할 때 문밖에 사람의 동정이 들렸다. 희발은 낮은 목소리로 "피해!"라고 말하면서 달기의 손을 끌고 문 밖으로 뛰어나갔다. 그들이 막 문을 나오자, 문은 마치 관을 덮은 것 같이 무겁게 닫혔다.

"달기." 희발이 엄숙하게 말했다. "이번에 당신이 궁중에 들어가는 것은 이미 바꿀 수 없는 현실이오."

달기도 고개를 끄덕였다.

희발은 이어서 말했다. "상나라 주왕은 가렴주구와 폭정으로 이미 민심을 완전히 잃었어. 나는 다만 그를 무너뜨릴 힘이 없음을 괴로워하고 있을 뿐이요. 당신이 간 다음에 안에서 나를 도울 수 있을 거요. 훗날 우리 서기국의 국력이 커지면 나는 바로 유소국과 연합하여 주왕에 대항할 것이고, 그때가 되어 우리가 안팎으로 서로 도우면 틀림없이 주왕을 타도할 수 있을 것이요. 그러면 민초 백성들이 이 폭군을 없애 준 것에 대하여 당신에게 감사할 것이오. 주왕을 타도하는 때가 바로 내가 당신을 서기국으로 데려가는 때가 될 것이요."

달기는 눈물을 머금고 고개를 끄덕였으니, 그녀도 마침내 운명이 어떻게 돌아가는지 알게 된 것이리라.

희발은 떠나기 전에 품속에서 부용을 새긴 구슬비녀를 꺼내어서

---

* 紫星之充軍奪白晝, 皎月之充遮半天 : 여기서 紫星은 희발, 皎月은 달기를 지칭한다고 볼 수 있다.

그녀에게 자기처럼 생각하고 보라며 건네주었다. 달기는 눈물로 희발을 떠나보냈다. 그녀는 마음속으로 묵묵히 생각했다. '이번에 가면 생사조차 알 수 없다. 다만 원하는 것은 살아생전에 님을 다시 한 번 보는 것이니, 그러면 죽어도 한이 없으리.'

꿈을 안고 가다 ┆ 恢夢而來

호호탕탕浩浩蕩蕩 일군의 인마가 호송하는 가운데 달기는 궁에 들어가는 여정을 시작했다. 막 전란을 겪은 뒤라 길가의 전답은 모두 황폐했고, 인가도 드물었다. 스치는 백성들은 모두가 고통으로 울부짖는 기민飢民이며, 더러는 굶거나 전란으로 죽은 사람도 있었다. 그 누구도 그들을 환대해 주지 않았고 그저 노변 도처에 널려 있을 뿐이었다. 달기는 휘장 사이로 이를 보자 놀라고 무서운 마음에 가슴이 콩닥거렸다.

"전란이란 참으로 무섭구나." 그녀는 생각했다. "아마도 이것이 희발과 부왕이 어떤 희생을 치르더라도 상나라 주왕을 타도하려는 이유이리라."

여러 날 여러 밤을 거쳐서 달기는 도성에 도착했다. 잠시 쉰 후 주왕에게 불려갔다.

대전에서 그녀는 말로만 듣던 주왕을 보았다. 주왕의 짙은 눈썹과 큰 눈으로 볼 때 60세 나이에 비해 위무충천威武衝天한 기상이었으나,

이미 노년의 비만 현상이 현저했다. 달기가 보아하니 이 사람은 자기 아버지와 비슷한 연배라 심적으로 크게 낙담했으나 이미 돌이킬 수 없는 일이었다. 주왕의 옆에는 왕후 강씨가 있고, 뒤에는 일군의 비妃들이 있었다. 모두가 찬찬히 달기를 뜯어보고 있는데 각자 마음으로는 좋지 못한 생각들을 하고 있었다. 더러는 눈에 불을 일으키고, 더러는 암암리에 부러워하고 또 더러는 가타부타 아무 생각도 없는 듯 보였다.

달기는 고개를 숙이고, 사뿐사뿐 주왕 앞으로 와서 예를 올렸다.

"고개를 들어 보라." 주왕이 말했다.

달기는 고개를 살짝 들었으나, 그래도 감히 주왕을 바라보지 못하였다.

주왕은 달기를 보자 절로 감탄하며 말했다. "미인이야, 미인이로고!"

주왕이 하하 웃으며 달기를 보는 순간 달기는 그 옆에서 불을 켜고 자신을 노려보는 두 눈이 있음을 느꼈으니, 바로 왕후 강씨였다. 달기는 이미 강왕후의 눈에 비친 적의를 분명히 감지하였다.

그래도 달기는 강왕후가 "대왕께서 좋아하신다면 후궁에 두고, 나와 다른 언니들이 달기를 잘 돌보도록 하겠습니다." 한마디 하고 득의양양하게 자신은 째려보는 것을 바라 볼 뿐 다른 방법이 없었다.

주왕은 기꺼이 동의하여 달기를 비로 봉했으며, 그녀를 궁전에서 주왕으로부터 가장 가까운 곳으로 배치하였다.

이때부터 주왕은 날이면 날마다 달기에게로 와서 지내고 그녀에게 수많은 금은보화와 장신구를 하사하고, 많은 궁녀를 보내 시중을 들게 했다. 달기는 집에서도 누려보지 못한 호화로운 생활을 하게 되었으나, 마음 속으로는 연인戀人인 희발과 멀리 유소국에 계시는 부모님을 잊지 못하였다.

주왕이 달기를 총애함은 극에 달하여 조정회의를 할 때를 제외하고는 나머지 시간을 모두 달기의 침소에 와서 지냈으니, 강왕후와 기타 비빈들의 분노를 샀다. 달기 앞에서는 어떤 비빈도 주왕에게 참소하지 않았으나, 강왕후는 도처에 함정을 만들어 달기가 여기저기 걸려들어 수모를 당하게 했으니, 달기는 말도 못하고 남몰래 눈물 흘릴 뿐이었다.

수모를 당할수록 달기는 더욱 희발을 그리워하고 자신이 이곳에 온 사명을 생각하며 견디고 있었다. "내가 여기 온 것은 이런 무리의 여자들과 질투하고 다투자는 것이 아니라, 희발이 대업을 성취하는 것을 도우기 위한 것이야."

생각에 여기에 이르자, 달기는 마음이 편안해졌으나 무슨 수로 희발을 돕는단 말인가?

달기는 마음으로 생각했다. "희발이여, 희발이여, 당신은 나를 여기로 보내 중임을 맡겨 놓았는데 나는 어찌 해야 하나요?"

달기는 실제 독서를 별로 하지 않았고, 당시에는 읽을 만한 것도 없었다. 공맹은 수백 년 후의 일이고, 사서오경도 수백 년 후에 나났으며, 천문지리는 더욱 아는 사람이 없었다. 이 시절 사람들은 과학을 접할 기회가 극히 드물었고, 주로 가까이 할 수 있는 것은 토템

(totem), 종교, 신화, 전설 정도였다. 달기 또한 비록 명문가 출신이지만 어떤 지식을 배운 바는 없었다.

그러니 이 15세의 어린 소녀가 국가사직의 중임을 대하니 머리가 지끈지끈할 수밖에 없었다.

이날도 달기는 강왕후에 불려가서 한동안 꾸지람을 듣고, 돌아와서 눈물을 흘리고 있는데 홀연히 어떤 사람이 들어오는 소리가 들렸다. 달기는 머리끝까지 화가 나서 고개도 들지 않고 질책했다. "너희들에게 들어오지 말라고 하지 않았던가, 어떻게 그런 것도 기억 못하는가?"

"예, 그럼 저는 나가겠습니다."

달기가 들은 것은 생소한 남자의 음성이었다. 달기가 머리를 들고 보니 궁인宮人복장의 남자였다. 은, 상대에는 황궁에 아직 내시가 없어서 궁안의 남자는 모두 궁인이라 불리고 궁인으로 행동했다.

"너는 누구냐?"

"저는 새로 온 궁인입니다."

"새로 온 궁인이 어쨌다는 것이야. 궁녀들이 그 누구도 여기 못 들어온다고 하지 않았더냐?"

"네, 네, 소인은 몰랐습니다. 소인의 죄 죽어 마땅합니다. 다만 어떤 사람이 저에게 말씀을 전하라고 하셨습니다."

"누구?"

궁인은 사방을 둘러 보고 아무도 없음을 확인하고 난 다음 작은 소리로 말했다. "희공자입니다."

달기는 화들짝 놀라 일어섰다. "희발? 그 사람은 지금 어디에 있어? 너는 그 사람과 어떤 사이야?"

궁인은 그녀에게 진정하라며 말했다. "흥분하시면 안 됩니다. 희공자는 저로 하여금 당신에게 그 또한 당신을 매우 그리워하고 있으며 당신께서 여기서 고생하시며 수난을 당하는 것을 잘 알고 있으니, 후일을 위해 반드시 견뎌 나가시라고 말씀하셨습니다."

달기는 저도 모르게 눈물을 흘리며 생각했다. "희발! 난 당신이 날 잊어버린 줄 알았어요."

궁인은 잠시 가만히 있다가 다시 말했다. "희공자는 당신이 궁에서 혈혈단신으로 지내며 도와줄 사람이 없는 것을 알고 저를 보내어 당신의 한쪽 팔이 되어 드리라고 하셨습니다."

달기는 눈물을 닦으면서 물었다. "이름이 뭔가?"

"저는 오언伍言이라고 합니다."

오언이 온 것은 달기의 생활에 활력과 의지가 되어 주었다. 그는 한편으로 달기와 협조하여 주왕에게 대처하고, 한편으로 달기를 보호하며, 그 외에도 달기의 '심리치료사'가 되어 주었다. 달기가 매번 억지웃음으로 주왕을 반기고 보낸 후나, 후궁과 기타 사람들로부터 냉대를 받았을 때 오언이 와서 위로하고 조언하여 주니, 달기도 갈수록 오언을 깊이 신임하게 되었다.

오언은 또한 달기와 계책을 의논했으니 그것은 주왕이 달기를 총애하는 것을 이용하여 그를 매혹하여 정사를 황폐하게 하고, 더 많은 사람들이 그를 반대하게 하며, 한편으로는 조정 내에 많은 사람들을 자기편으로 끌어들여 이후 희발이 폭동을 일으킬 때 내응內應한다는 것이었다.

군사軍師이며 친구인 오언이 곁에 있게 되자, 달기는 궁 안의 생활에 더욱 자신을 가졌고 그로인해 안색이 더욱 좋아졌다. 주왕도 올 때마다 매번 그녀가 갈수록 예뻐진다고 말하며 더욱 좋아했다. 달기는 자기가 싫어하는 주왕을 응대하면서 늘 산에 올라 유소국 쪽을 바라보거나, 희발이 있는 서기국 쪽을 한없이 멀리 바라보며 그가 하루빨리 와서 자신을 구해주기만을 손꼽아 기다리고 있었다.

조가의 꿈은 깨어지고 : 夢斷朝歌*

달기는 처음부터 심성이 나쁜 여자는 아니었으나, 궁정의 투쟁이나 생활의 변고가 개인의 성정性情을 바꿔 놓게 되었다. 달기에게는 그 타격이 치명적이어서 그녀의 성격은 이를 계기로 철저히 바뀌어 버렸다.

주왕은 달기가 고향을 그리워하는 것을 보고 달기의 부모인 소호 부부를 궁으로 데려와 그들에게 봉록을 내리고 궁에서 달기와 함께 편안하게 지내도록 명을 내렸다.

이에 달기는 매우 기뻐하였다. 여기 와서 1년이 되도록 부모를 못

....
* 조가는 상나라의 수도이며, 여기서 말하는 도성도 바로 조가를 가리킨다.

봤으니 사실 매우 그리웠던지라 궁에서 마음 편안히 그들이 오기만을 기다리고 있었다.

소호 부부는 수행원 몇 명을 데리고 상나라로 오던 중 한 현을 지나게 되었는데 그때 보니 그 현의 관리들은 이미 반란을 일으킨 백성들에 의해서 맞아 죽었다. 소호 부부가 이곳을 지날 때 이 무리의 백성들은 그들의 의상이 화려한 것을 보고 잡아들였다.

이 사람들은 모두가 핍박을 받아 어쩔 수 없이 반란을 일으킨 민초民草들로서 하나같이 먹지 못하고, 입지 못하여 귀족을 원수처럼 보고 있었다. 그들은 소호 부부가 주왕의 장인 부부라는 것을 알고 난 다음 더욱 노기충천했다. "우리는 여기서 살면서 굶주리고 추위에 떠는데 돈이며 재산은 모두 네놈들이 써 버렸으니, 어찌 네놈들을 놓아 보내 황궁에 가서 복을 누리게 할 수 있겠느냐?"

이렇게 해서 소호 부부와 수행원 전원이 피살되었다.

달기는 궁에서 오래도록 기다렸으나 결국 부모가 오는 것을 보지 못하고 처참하게 죽었다는 소식을 듣게 되자 울다가 혼절하고, 깨어나서 다시 울지 않을 수 없었다. 아프도록 생각한 끝에 그녀는 주왕에게 말했다. "저의 부모가 저 때문에 죽었으니, 저는 반드시 그들을 위해 복수해야겠습니다."

주왕도 말했다. "그야말로 당연하다. 내 당장 군대를 보내서 이 도적놈들을 모두 죽여 버리지."

아주 신속히 반란을 일으킨 백성들은 모두 생포되어 도성으로 압송되었다. 달기는 사람을 시켜 그들의 팔과 다리를 잘라서 그들로 하여금 고통 속에 죽어 가게 했다.

부모를 살해한 원수들이 고통 속에 죽어가는 것을 보며 달기는 통쾌하게 웃는 모습을 보였으니, 이때에 그녀가 심중에 둔 것은 둘 뿐이었다 그 하나는 희발이 그에게 준 부용 비녀며, 다른 하나는 오언이었다.

그러나 달기는 미처 몰랐으나, 그의 희망은 하나씩 사라져 가고 있었다. 강왕후와 후궁의 비빈들은 오언과 달기가 가까이 지내는 것을 보고 어이없게도 오언이 달기와 사통하였다고 모함하였다.

하루는 주왕이 사냥에서 돌아와 보니 달기와 오언이 함께 거문고를 연주하고 있었다. 비록 특별난 행동은 아니었지만 질투심이 폭발한 주왕은 즉시 사람을 보내서 오언을 끌고 나갔다.

오언이 변명하자, 주왕은 더욱 분기탱천하여 수하들을 시켜서 오언의 혀를 잘라 버렸다. 오언의 유혈낭자한 입가를 보고 달기는 놀라 몸서리쳤다.

그러나 오언은 깨어난 후에 오히려 달기를 위로했다. 달기는 매일 주왕 몰래 오언의 상처에 약을 갈아 주며 흐느꼈다. 오언의 상처에서 더 이상 피가 흐르지 않게 되었고, 동시에 달기의 마음도 돌처럼 굳었다. 이후 달기는 포락형을 보더라도, 낙인烙印에 찍히는 비명소리를 듣게 되더라도 심지가 흔들리지 않았고, 마음은 물처럼 고요해져 갔다.

부모가 비참하게 죽고, 오언이 자기 때문에 혀를 잘리게 된 이 모든 것이 달기에게는 너무 큰 충격으로 다가왔다. 그녀는 16세가 되도록 이런 참혹한 일을 겪어 보지 못했던 것이다. 이런 불행한 사건을 겪으면서 달기의 심정도 점점 냉혹해져 갔으나, 단 하나 아직도 남은 희망이 있다면 그것은 언젠가 희발이 와서 자신을 구원하는 것이었다.

그러나 심히 유감스럽게도 이 소망도 점차 물거품이 되어 가고 있었으니, 주왕은 오언 사건 이후 달기의 신변을 더욱 엄하게 단속해 갔다. 여러 가지로 탐문한 결과 주왕은 희발과 달기가 이전에 약혼했으며 그 외에 희발이 계속 장가를 가지 않고 미루고 있다는 사실까지 알게 되어 이 두 사람이 아직도 서로를 그리워하는 것은 아닌지 의심하기 시작했다.

주왕이 희발과 달기 사이의 약혼 등 사정을 탐문한 사실은 곧바로 희발도 알게 되었다. 희발은 바로 사람들을 시켜 처를 구해서 혼인했다. 나아가 겨울 공물을 진상할 때에도 더욱 많은 물건을 진상하여 자신의 충성심을 표시했다.

달기는 희발이 처를 맞이했다는 소식을 듣고 저도 모르게 바닥에 쓰러져 반나절을 깨어나지 못했다.

오언이 가만히 와서 달기를 위로했다. 그는 비록 말은 못하지만 수화로 달기에게 자신을 뜻을 전했던 것이다.

"희공자가 이렇게 하는 것은 틀림없이 무슨 문제가 있기 때문일 것이며, 당신에 대한 마음이 변한 것은 절대 아닐 겁니다."

달기는 그 수화를 알아보지 못했고, 어떤 변명도 받아들일 수 없었다. 그녀는 다만 자기가 이리로 온 것이 곧 희발을 위한 것인데 지금은 그가 자신을 배반했다고만 믿고 있었다.

사랑을 생명으로 알던 이 여인은 어떤 변명도 듣지 않고, 희발이

언약을 어겼다고만 생각하였다. 그녀의 모든 희망이 한줌 재로 돌아갔던 것이다. 이렇게 마음도 의식도 다해 버린 여인의 눈에서는 절망과 분노가 배어나왔고, 그녀는 희발의 정표인 부용비녀를 누각 위에서 아래로 던져 버렸다.

사갈 여인 ┆ 蛇蝎女人

달기는 점점 더 요염해졌고, 나날이 더 짙게 화장을 해가면서 차갑고 무서운 사람으로 변해 갔다. 그녀는 원래의 궁전이 너무 오래 되어 자극이 없다며 주왕에게 자신을 위해 웅장한 궁전을 따로 지어 달라고 요구하면서 그곳의 모든 난간이며, 대들보와 기둥을 모두 마노로 장식해 달라고까지 하였다.

주왕은 생각할 필요도 없이 승낙했다. 건설비용을 조달하기 위해 주왕은 대량의 국고경비를 전용하는 한편, 민간으로부터 가렴주구^苛敛誅求했으니 백성의 피와 땀을 짜낸 것 외에도 10만 명을 징집하여 밤낮을 가리지 않고 공사를 강행했다. 궁전은 7년이 지나 마침내 준공되었으니, 이것이 바로 그 유명한 녹대鹿台이다.

녹대가 준공된 후 달기는 그리로 거처를 옮겨서 매일 가무를 즐기며, 호화방탕한 생활로 세월을 보냈다. 달기가 가무를 좋아하는 것을 본 주왕은 악사를 시켜서 퇴폐적인 음악과 저속한 춤을 만들게 하여 궁전에서 조석으로 즐겨 부르게 했다. 이때부터 주왕은 정사를 철저히 방치하고 날이면 날마다, 밤이면 밤마다 녹대에서 달기와 함께 취생몽사하며 욕망을 쫓고 즐기느라 시간마저 잊어버릴 정도였다.

주왕은 또 위주衛州에 주지酒池를 설치하고 나무에 고기를 걸어 놓고 육림肉林이라 불렀으며 매일 여기에서 잔치를 열고 대신귀족을 불러 함께 마셨는데 많게는 3,000명까지 불렀다.

더 나아가, 궁인과 궁녀들이 나체로 서로 쫓으면서 희롱하게 하였으니, 그 장면은 차마 눈뜨고 볼 수 없을 지경이었다. 주왕이 이미 달기와 희발에 대해 의심을 하고 있으므로, 희발은 달기에게 사람을 보내 자기의 진심과 본뜻을 설명할 수 없었다.

달기가 스스로 타락해 가는 것을 보는 희발의 심정은 몹시 괴로웠으나, 달리 방법이 없었다.

자신이 나날이 추락해 가는 데 대해 희발이 뜻밖에도 한마디 말도 하지 않자, 달기는 심적으로 더욱 황폐해져서 유별난 방식으로 자신을 발산하기 시작했다. 그러나 달기는 희발을 차마 어찌할 수 없었고, 희발을 손본다는 것은 주왕의 의심을 받을 수도 있는 일이었다. 그리하여 달기는 종일 강왕후를 괴롭히는 일에 열중했다.

강왕후는 때로 달기를 조금씩 곤란에 빠뜨리기도 했지만 그 본성이 나쁘지 않고, 달기를 해할 의사도 없었다. 그러나 달기는 그녀를 찍어낼 생각이 들자 바로 죄명을 덮어 씌웠다.

그래서 달기는 몰래 사람을 시켜서 자객으로 분장하여 주왕이 없을 때 자신을 찌르게 하였으며, 자객은 잡힌 뒤 강왕후가 시킨 짓이라고 자백했다.

강왕후는 입이 백 개라도 변명할 수 없었고 어떻게 설명해도 주왕은 믿지 않았으며, 달기는 그 옆에서 울며불며 하소연했다. "제가 궁에 온 후로 매사 고개 숙이고, 눈을 내리 깔고 살았습니다. 왕후의 말은 백이면 백 가지를 다 듣고 순종했으나, 왕후는 종래 저의 정을 받아들이지 않고, 저를 괴롭혔습니다. 결국 오늘에 이르러 나를 사지로 몰아넣었어요."

주왕은 황급히 달기를 달랬다. "그럼, 강왕후를 냉궁*에 유폐하면 되겠다."

주왕이 그렇게 명하려 하는데, 달기는 뜻밖의 말을 했다. "강왕후는 명문 출신으로 조정 내에 세력이 크니 냉궁에 유폐되더라도 외부 사람을 시켜서 다시 저를 암살하지 말라는 법이 없어요."

주왕은 아무 소견도 없이 달기에게 묻는다. "그럼 어떻게 하면 좋겠는지 말해 보게."

달기는 눈물을 닦으면서 말했다. "저는 줄곧 참고 양보했는데, 그녀는 오히려 저를 해하니, 오늘 제가 따끔한 맛을 보여 다른 사람들에게 경고하지 않으면 저는 후일에 제대로 살아남지 못할 거예요. 그러니 대왕에게 청하노니 강왕후를 극형에 처해서 저를 해하려는 사람들을 경계하소서. 그러지 않으면 제가 어떻게 살겠어요!"라고 말하면서 달기는 다시 통곡하기 시작했다.

주왕은 마음이 약해져, 강왕후가 비록 자신의 조강지처이지만 달기

----

* 冷宮 : 총애를 잃은 왕비가 거처하는 쓸쓸한 궁전.

의 말도 너무 옳다고 생각했다. 그래서 다시 물었다. "어떤 극형 말인가?"

달기는 말했다. "폐하께서 이 일은 저에게 맡겨 주면 좋겠어요."

달기는 매우 잔인한 방법을 생각해내었다. 먼저 강왕후의 두 눈을 빼고 두 손은 끓는 기름에 넣었으니 강왕후는 고통으로 신음하며 죽어 갔다. 강왕후의 처절한 비명을 들으면서 달기는 상심하여 발광한 모습으로 웃어 젖혔는데 이때의 달기는 이미 원래의 달기가 아니었다.

강왕후가 죽은 후 달기는 왕후에 봉해졌다. 주왕은 매일 달기와 함께하며 그녀의 말만 듣고, 정사는 팽개쳐 버렸다.

달기는 매우 잔인하게 변해갔다. 강왕후가 죽은 후 달기는 일찍이 맛보지 못했던 쾌감을 느꼈으니, 이 쾌감은 희발이 자신을 배신한 절망감을 메워 주고, 부모가 죽어간 비통함을 잊게 해 주었으며, 이제는 벙어리가 되어 버린 오언을 더 이상 생각하지 않게 해 주었다.

주왕은 술 마시기를 좋아하여 늘 달기와 함께 술을 마셨다. 술을 마실 때 색다른 경치를 즐기기 위해서 궁전과 한단* 사이에 매 5리마다 이궁離宮을 짓고, 매 10리마다 별관別館을 지었다. 한단은 도성都城에서 매우 멀었으니, 노변의 이궁과 별관은 그 수를 헤아릴 수 없었다. 주왕은 곧 달기와 유람차를 타고 낮에는 차안에서 희롱하고, 밤에는 등불 달고 오색 천으로 장식한 다음 풍악을 울리고 긴 밤을 술을 마시며 여러 가지 다른 이궁과 별관에서 쾌락을 추구했다.

....
* 邯鄲 : 하북(河北)지방의 지명.

어느 겨울날 주왕과 달기가 적성루*에서 술판을 벌리고 있을 때, 멀리 강변에서 몇 사람이 강을 건너려고 하는 것이 보였다. 그때 배는 없고 강이 아직 얼어붙기 전이라 몇 사람은 그대로 강을 건너려고 하였으니, 노인 몇 사람은 바지를 걷어붙이고 강을 건넜으나 나머지 젊은 사람들은 오히려 겁을 내어 물에 들어가지 못하고 있었다.

주왕이 이상하게 생각하여 무심히 한마디 했다. "젊은이들이 노인들에 비해 추위에 더 잘 견디는 것이 당연한데, 어째서 저 노인들은 모두 물에 들어갔는데, 오히려 젊은이들이 물에 들어가지 못하는 거지?"

달기가 듣고 바로 한마디 했다. "폐하가 설마 모르실까요? 추위에 견디는 것은 나이와 관계없고 개인의 체질에 달려 있어요. 개인의 체질은 부모가 물려주는 것으로 부모가 젊었을 때 아이를 낳으면 아이는 기와 맥이 꽉 차서 신체가 건장하고, 뼛속이 골수로 차서 노년이 되더라도 추위에 잘 견디지요. 만약 부모가 연만하여 아이를 낳으면 신체상태가 이미 이전 같지 않아서 태어난 아기도 기와 맥이 쇠약하고, 뼛속이 비어서 중년도 되지 못해서 벌써 추위를 겁내지요. 이 젊은이들이 추위를 겁내서 물을 건너지 못하는 것은 그들이 부모가 신체 건장할 때 태어나지 않았기 때문입니다."

일장 장광설이 주왕의 입을 쩍 벌어지게 했다. "그렇게 되는 것인가?"

---

* 摘星樓 : 별을 따는 누각이라는 뜻이다.

달기는 다시 말한다. "대왕이 믿지 못하신다면 강을 건넌 저 사람들을 잡아 와서 그들의 다리를 잘라 보면 바로 알 수 있을 거예요."

주왕은 그래서 시키는 대로 했는데 결과는 과연 달기가 말한 대로였다. 주왕은 하하 크게 웃으면서 "과연 사랑스런 비가 사물을 요량함이 입신의 경지에 이르렀구려!"

주왕의 분별없는 총애 속에 달기는 하루하루 갈수록 잔인하고 황당한 요구를 했다. 어느 엄동설한에 어떤 사람이 맨발로 얼음 위를 걷는 것을 본 달기는 그 생리구조가 특수하여 보통 사람과 다를 것이라고 생각하여 주왕으로 하여금 사람을 시켜서 그 두 다리를 잘라 오게 해서 그가 엄동설한에도 겁내지 않는 원인을 연구하게 했다.

또 한 번은 달기가 만삭으로 배가 부어오른 임산부를 보더니 호기심이 일어 참지 못하고 주왕에 청하여 사람을 보내 임부의 배를 가르고 뱃속을 보았는바, 결국 헛되이 모자의 생명만 날려 버렸다.

달기의 잔인함은 대신들 간에 반감과 근심거리가 되었다. 그 후 구후九侯는 달기에 대한 주왕의 총애를 분산시키고자 자신의 딸을 주왕에게 보냈다. 그러나 이 구후의 딸은 아첨 떨 줄 모르는 데다가 달기의 음탕한 작태를 보아 넘기지 못했으니, 결국 주왕에 의하여 살해되고 말았다. 달기는 그 위에 한술 더 떠서 주왕에게 말하여 잔인하게도 구후의 살을 벗겨 육장肉醬을 담가 여러 제후에게 나누어 줌으로써 천하에 경고하였다.

혹형 : 酷刑

　주왕과 달기의 황음무도하고, 잔인무도함은 대신들과 제후들의 비난을 샀으며, 수많은 대신들이 여러 차례 주왕에게 주색에 빠져 조정과 정사를 팽개치지 말라고 간했다. 그러나 귀신에 홀린 듯 온 마음을 달기에게 빼앗긴 주왕에게는 이런 충신들의 말이 전혀 들리지 않았으니, 결국 여러 제후들이 반역할 생각을 가지게 되었다. 주왕은 대신들의 건의를 듣지도 않고, 오히려 달기의 요구대로 혹형으로 인심을 제압했으니, 이를 위해 포락형炮烙之刑을 만들어 내어 소위 반신적자叛臣賊子들을 처벌해 갔다.

　포락형을 처음 실험한 대상은 매백梅伯이라는 대신이었는데, 강왕후의 사후 매백은 주왕을 찾아가 간했다. "강왕후는 아무런 잘못도 없이 죽음에 처해졌으니 이는 정말 억울한 일입니다. 청컨대 대왕께서 이 일을 다시 한 번 조사하셨으면 합니다."

　달기는 어떤 사람이 강왕후를 위해서 말한다는 것을 듣고 바로 끼어들어서 한마디 했다. "매백은 원래 강왕후의 당료이니 그렇게 말하는 것입니다."

　주왕이 물었다. "그럼, 이런 사람들은 어떻게 처리하면 좋겠는가."

　달기가 말했다. "구리말銅斗*을 특별히 만들어서 불꽃이 붉게 달아오르게 불을 피우고, 수형자受刑人가 벌거벗고 두 손으로 동말을 안게 하여, 피부와 살을 인두질 하면 됩니다. 이렇게 해야 그들도 무서움을 알게 되고, 조정에 다시 이런 간언을 할 패거리들도 없어질 것입니다." 주왕은 달기의 건의를 받아들여서 매백의 옷을 벗기고, 구리 기둥에 묶어 혹형을 가하니, 순식간에 살이 타고 뼈가 가루가 되어 재만 남았었다.

달기는 이러한 혹형으로도 만족하지 못하고 주왕에게 건의하여 큰 구리 기둥을 만든 다음 활활 타는 숯불을 사이에 두고, 수형자들로 하여금 맨발 나체로 서서 발갛게 달아 오른 구리 기둥을 꼭 안고 있게 하였다. 수형자가 기절해서 쓰러지면 바로 맹렬한 화염에 타서 재가 되었으니, 이것이 바로 하늘이 놀라고 땅이 통곡할 포락형이다.

달기는 사람들의 외마디 비명을 듣고 요사스럽게 웃어 젖혔다. 주왕은 달기가 웃는 모습을 보고자, 대전 앞에 구리 기둥과 구리 말을 각각 수십 개씩 세우고 벌을 받게 된 대신이 있으면 바로 이 형벌로서 처형했다. 이후 아무도 주왕에게 간하는 사람이 없었다.

이때쯤 달기는 이미 마음이 황폐해져 거의 미친 사람이 되어 있었다. 대신들이 형벌이 두려워 감히 간하지 못하자, 주왕과 달기는 더욱 멋대로 망령된 짓을 했다. 조석으로 음탕한 연회를 열고, 늘 적성루에서 술판을 벌리며, 남녀가 나체로 육림 사이를 뛰어다니면서 서로 쫓고 잡히게 하는 등 온갖 짓을 다했다.

하루는 주왕과 달기가 적성루에서 술을 마실 때 누각 아래에 있는 많은 비빈과 궁녀, 궁인들을 불러 참여하게 했다. 달기는 한순간 흥이 일어 그들 모두의 옷을 벗게 하고 육림 사이로 뛰어다니며 서로

---

* 말은 쌀 등 수량을 달 때 재는 용기.

쫓아가 붙잡아 일을 벌이도록 했다. 비빈들은 화가 나도 말을 못하고 시키는 대로 했는데, 강왕후 후궁의 72명의 궁녀와 궁인만은 가만히 눈물을 흘리면서 달기가 말한 대로 하지 않으려 했다.

달기는 매우 화가 났다. "임자*도 없는 것들이 그래도 잘난 체 해? 그래, 이것들을 좋게 죽게 할 수는 없지." 그녀는 얼굴을 돌려 살며시 웃으며 주왕에게 말했다. "대왕, 보시기에 저들 궁녀와 궁인들은 어째서 아직 그 자리에 서서 움직이지 않는지요?"

주왕은 아래로 한번 보더니, "이 사람들은 모두 강왕후의 궁인과 궁녀라 강왕후가 막 죽었으니, 그들도 아마 심사가 매우 괴로울 거야, 그냥 두지."

달기가 말했다. "그대로 넘어 갈 수가 없지요. 대왕은 잘 모르시지만 이들 궁인과 궁녀들은 강왕후가 죽은 것에 대해 대왕에게 원한을 품고 있어요. 듣자 하니 암암리에 반란을 획책하며 대왕을 암살하려 한대요. 나도 원래 믿지 않았는데, 지금 보니 뜻밖에도 공개적으로 대왕의 명령을 거역하지 않습니까. 생각건대 필히 마음으로부터 대왕을 원망하고 있을 겁니다!"

주왕은 놀라서 "그런 일이 있나?"라고 한마디 했다.

달기는 꿇어 앉아 말했다. "모반은 큰일입니다. 신첩은 감히 헛된 말을 하지 않습니다."

주왕은 바로 말했다. "그럼 사람을 시켜서 저들을 끌어내어 죽이도

---

* 主子 : 죽은 강왕후를 뜻한다.

록 하지.”

“대왕 잠깐만 생각하시지요.” 달기가 말한다. “만약 오늘 이후 수많은 후궁들이 강왕후의 일로 대왕을 원망할 때, 대왕이 오늘 강왕후의 궁인과 궁녀를 가혹한 형벌로 다스리지 않으면, 이런 식으로 대왕에게 불충한 사람들을 어떻게 훈계할 수 있겠습니까?”

그래서 주왕은 달기의 요구를 수락했다.

달기는 이어서 말했다. “여기 적성루 앞에 큰 구덩이를 파되 둘레는 수백 보, 깊이는 5장大으로 하고, 그 안에 뱀이며 전갈 따위를 집어넣어 둔 다음 여기 궁인들과 궁녀들을 구덩이에 던져 넣어 독충 등이 물게 하시면 좋겠습니다. 이를 보면 감히 장난을 치지 못할 것입니다.”

주왕은 박수를 치고 웃으며 말했다. “좋아, 좋은 방법이야!”

이리하여 달기의 말대로 전갈 구덩이를 만들고, 72명의 궁인과 궁녀를 함께 던져 넣으니, 일순간에 심장을 찢는 비명과 통곡 소리가 천지를 진동했다. 이것이 사람들이 손가락질 하는 전갈분형蠆盆之刑이다.

태자가 이 모든 것을 보아하니 달기는 갈수록 심해지고 있었다. 처음에는 그도 화친을 위해 희생되어 온 이 여자를 동정했으나, 지금은 그녀가 완전히 다른 사람으로 변해서 갈수록 잔인무도 해지는 것을 보게 되었다. 그는 연만한 부왕이 달기에 홀려서 상나라 강산을 제대로 다스리지 못하고 잃어버리지 않을까 매우 걱정했다. 그는 주왕을 알현하여 말했다. “법령은 죄가 있는 사람을 위해 만들어진 것인데, 이들 궁인과 궁녀들은 아무 죄도 없이 이 모양으로 처참한 형벌에 처해졌으니, 이는 모두 달기가 참소하여 대왕으로 하여금 잘못된 결정을 하게 한 결과입니다. 달기는 나라에 화가 되고, 백성에 재앙이 되어 이미 여러 사람들의 분노를 사고 있으며, 천하 사람들이 대왕을 흐린 임금昏君으로 치부하고 있는 지경입니다. 청컨대 대왕께서 달기를 죽이고 조정의 기강을 바로 잡으소서."

주왕은 태자의 말이 일리가 있다고 생각했으나, 그래도 달기를 버릴 수 없었다. 바로 이때, 달기가 나섰다. "대왕께서는 모르시는 게 있습니다. 태자는 강왕후 소생으로 강왕후의 죽음에 대하여 내내 대왕을 원망하고 있으며, 저를 찍어 내리려고 하고 있는 것입니다. 그 외에 듣기로는 강왕후가 죽은 이 사건으로 태자는 대왕에 대해 가슴 깊이 한을 품고 있으며, 이미 강왕후의 궁인들과 통모하여 적당한 시기가 되면 대왕을 폐하고 스스로 왕이 되려고 준비하고 있다합니다."

주왕은 크게 노해서 말했다. "이자가 엉뚱하게 반심을 품었단 말인가, 그러면 당연히 죽어야지."

달기는 황급히 좋은 사람 흉내를 내며 말했다. "대왕, 그것은 불가합니다. 태자는 어머니 상喪을 당하여 심적으로 매우 괴로울 것이니 가당치 않은 일을 저질렀어도 이해할 수 있는 일입니다. 그를 변방으로 보내시지요. 무엇 때문에 그를 죽이기까지 하시렵니까?"

주왕은 한숨 쉬며 말했다. "그래도 내 사랑하는 비가 정이 있고, 이치에 닿는구려!" 이리하여 태자는 멀리 편벽한 곳으로 귀양 갔다.

주왕의 잔인함과 포악함은 대신들을 매우 두렵게 했으며, 당시의 상나라 사회는 이미 피폐할 대로 피폐해져서, 백성은 살아갈 방법이 없었다. 주왕의 종친으로 나라의 명운을 걱정하지 않는 사람은 아무도 없었다.

주왕의 형 미자微子는 여러 번 주왕에게 간했으나, 주왕이 거들떠보지 않았다. 미자도 달리 방법이 없었으나, 차마 상나라가 이렇게 몰락해 가는 것을 눈 뜨고 볼 수 없어 가족들에게 말했다. "선조들이 남겨 주신 우리나라 강산은 주왕의 흐리고 무도함 때문에 곧 망하고 말 것이다. 지금 법도가 없어 매우 혼란스럽고 백성은 모두 반란을 일으키고자 하니, 나라가 망하는 것은 바로 오늘, 내일의 문제이다."

그래서 그는 은거하기로 결정하고 떠날 때 다른 사람들에게 말했다. "어느 날 나라가 망하더라도 너희들은 내게 어떤 말도 하지 마라."

한편, 서쪽의 서기국에서는 희발과 그의 부친이 힘을 다하여 나라를 다스리니, 국력이 점점 커져 갔다. 주왕 재위 44년 희발은 여黎나라를 토벌하여 멸망시켰다. 여나라는 상나라 서쪽에 인접한 나라인바, 여나라를 멸했다는 것은 상나라에 큰 위협이 되었다. 이 소식이 상나라 도성에 전해지자 만조 대신들 모두가 놀랐다. 조이祖伊는 주왕에게 간청하여 다시는 조정을 황폐하게 방치하고, 위신 없이 음란무도하게 굴지 말며, 법을 준수해 달라고 하면서, 그렇지 않으면 나라는 망하고 말 것이고 하늘도 우리 상나라를 돕지 못할 것이라고 말했다.

이미 흐리멍텅해진 주왕은 근본적으로 이에 관심이 없었다. 그는 태연하게 말했다. "내가 천자인데 천하가 나를 보위하지 않을 것이라고 걱정할 필요가 있단 말인가." 조의는 비틀비틀 대전을 내려가서 말해했다. "주왕은 정말 간할 수 없네."

주왕의 숙부 비간比干은 미자가 은거해 버린 것을 알고는 매우 괴로워하고, 한편으로는 그가 사람이며 신하의 도리를 다하지 않고 있다고 여겼다. 군왕이 과오가 있는데 대신이 간하지 않고, 피하기만 하면 그게 바로 불충이며, 죽음이 두려워 간하지 않는다면 바로 용기가 없는 것이라고 생각한 것이다. 그래서 그는 죽음으로 간하였으니, 내리 3일을 주왕에게 간하면서 한 발짝도 물러서지 않았다.

비간이 충심으로 직언하기를 주왕이 황후를 죽이고 대신을 죽이고 태자를 유배 보낸 것을 나무라고, 달기의 폭정을 힐난하면서 주왕에게 잘못된 것을 바로 잡고 조정 기강을 새로 세워 달라고 했다. 그는 또 말했다. "선왕의 전범 법규를 갈고 닦지 않고, 일개 여자의 말을 듣다니 대재앙이 멀지 않았습니다."

이와 같은 말은 주왕을 매우 화나게 하였으니, 주왕은 그가 여러 신하들 앞에서 자신에게 이렇게까지 말하여 자기 체면을 손상시켰다고 생각하여 비간을 죽이고자 했다.

이때 달기가 말했다. "비간은 대왕을 위해 이렇게도 많은 허물을 이야기하시는데, 천자보다 높은 사람은 바로 성인이 아닌가요. 듣기로 성인은 심장에 일곱 개의 구멍이 있다고 하는데 비간이 스스로 성인을 자처하니, 배를 갈라 비간의 심장을 보는 것이 어떻겠습니까?"

주왕은 머리끝까지 화가 나 바로 비간을 산 채로 배를 갈라 그 심장에 정말 일곱 구멍이 있는지 보았다.

전설에 의하면 비간이 조정에서 주왕에 의해 심장이 들어내진 후 얼굴이 흙색이 되어, 가슴을 움켜쥐고 한마디도 못했다고 전한다. 그는 분개하여 조정을 뛰쳐나가 말을 타고 하남 신향河南新鄕을 향해 달려갔다. 이 지방은 상대에 심장의 땅心地이라고 불렸으며, 들리는 바로는 여기에 이르면 심장이 자랄 수 있다는 것이다. 그러나 누가 알았으랴, 목적지에 다다르기도 전에 달기가 보낸 노파가 길을 막고 공심채空心菜*를 사라고 했다.

비간이 물었다. "공심채는 속이 없어도 살아가는데, 사람도 심장이 없이 살 수 있는가?"

노파가 대답했다. "채소는 심이 비어도 살 수 있지만 사람이 심장이 없다면 죽어야 맞지!"

비간은 이 말을 듣고 잠시 후 입으로 선혈을 토하며 말에서 떨어져 죽었다.

이때 홀연히 천지가 흐려지더니 광풍이 일어나 모래와 돌이 바람에 날렸다. 이 돌이며, 모래는 비간의 시체를 덮어 주어 무덤을 형성했으니, 후세 사람들은 이를 천장묘天葬墓 즉 하늘이 장사 지낸 묘라 불렀다.

기자箕子는 주왕이 자신의 숙부까지 잔혹하게 살해하는 것을 보고는 백약이 무효임을 알고, 미친 척 하면서 바보짓으로 생명을 이어갔다. 그러나 주왕은 그가 연극을 하고 있다고 간파하여 감옥에 가두었다.

이때부터는 만조 백관들 중 그 누구도 감히 다시 간하지 않았다.

....

* 옹채(瓮菜)를 속이 비었다고 이렇게 부른다.

상나라의 명운이 서산에 걸린 해와 같음을 보고 대신들은 분분히 보다 좋은 자리를 찾아 가려고 달리 준비하였다.

그래서 상나라에서 제사를 관장하는 두 명의 악관樂官 — 태사자太師疵와 소사강少師彊은 종묘에서 제사를 지낼 때 쓰는 악기를 들고 달아나 서기국에 투항하였다. 조정에는 이미 충성스럽고, 훌륭한 대신이 남아 있지 않았다.

목야의 싸움에서 향은 다하고 옥은 깨어지다

 ┆ 牧野之戰 香消玉殞

주왕과 달기는 황음한 데다가 잔인무도하여 사람들이 듣기만 해도 놀랄 형벌을 수도 없이 만들어 내었으며, 충신들의 간언을 듣는 것조차 거부하여 대신, 귀족, 제후를 비롯하여 그동안 복속했던 동이東夷, 유소국, 서기국도 모두 마음으로부터 멀어져 갔다.

백성들의 눈길을 돌리려고 주왕은 주변 각국과 매년 전쟁을 벌이고, 나중에는 또 전 병력을 동원해서 동이와 전쟁을 했다. 전쟁은 백성의 부담을 가중시키고, 이미 첨예해진 계급 간의 모순도 격화시켰다. 상나라는 이미 조석으로 위험이 닥쳐와 수습할 수 없는 지경이었다. 서산에 걸린 해처럼 숨이 끊어질 듯 이어지고 있는 상나라와 선명하게 대비되는 것은 서기국으로, 주 문왕은 아들 희발의 도움 아래 나라를 잘 다스려 국력이 욱일승천하였다.

당시 주문왕 서백西伯은 구후, 악후鄂侯와 함께 삼공으로 불렸다. 구후의 딸은 주왕에 헌상되었다가 그녀가 달기의 음탕함을 못 봐 주는 바람에 주왕에 의해 살해되었다. 후에 주왕은 비록 후회도 되었지만 모든 것이 자기가 옳다는 생각으로 자신의 잘못을 인정하고자 하지 않고, 오히려 죄명을 날조하여 그녀의 아버지인 구후를 육장으로 만들어 그가 보복하는 것을 방지했다. 악후는 이 사실을 알고 크게 놀라 왕궁으로 가 주왕에게 어찌하여 이랬는지 물었는데, 그 결과 그도 함께 참수되어 말린 사람 고기人肉脯가 되었다. 서백은 희창姬昌 구후와 악후가 피살되는 것을 보고 몰래 탄식하였는데, 생각지도 않게 숭후崇侯 호虎가 이를 듣고 주왕에게 조용히 보고했다. 그래서 서백 희창도 체포되어 죄인으로 갇혔다가 수년이 지나서야 풀려났다. 주왕은 주문왕의 큰 아들 백읍伯邑도 고문해 죽이고는 잘게 잘라 식사에 섞어 넣어서 주문왕에게 보내 먹게 했다. 그런 다음 득의양양하게 말했다. "누가 서백을 성인이라 했던가. 자기 아들의 고기인 줄도 모르고 먹는데!"

희발은 아버지 주문왕을 도와서 정사에 열중하고, 농업생산력을 높이며, 어진 사람과 아랫사람들을 예로 대하고, 널리 인재를 구하며, 강자아姜子牙를 군사로 모시고, 경제를 발전시키니, 나라가 부강해지고, 백성들은 안심하고 즐거이 생업에 종사하였다. 이후 희발은 부왕과 원대한 계획을 세웠으니 주왕을 타도한다는 것이었다.

그 첫걸음은 상나라 주변의 작은 나라들을 정복함으로써 상나라를 포위하는 형세를 만드는 것이었다. 이를 위해 주문왕은 우선 서북과

서남 방향으로 진군하여 견융犬戎, 밀수密須, 완阮, 공共 등 나라를 정복하여 상나라를 타도하기 위한 공고한 후방을 구축했다. 이어서 군사력을 동쪽으로 뻗쳐서 우虞, 예芮 양국의 영토분쟁을 성공적으로 조정하니 황하 동쪽의 작은 나라들이 찾아와 귀부하고, 여러 제후들은 주문왕을 장차 상의 주왕을 대신하여 천명을 받아 임금受命之君이 될 사람으로 여겼다.

여黎, 숭崇 등 상나라의 중요한 속국들이 차례대로 복속해 오니, 상나라로 진군할 통로가 열렸다. 숭을 정벌한 다음 해에 주문왕은 풍하灃河 서안에 풍읍豊邑을 건설하여 도읍을 옮기니 지금의 서안西安 서남쪽이다. 이제 주는 이미 천하를 3분하면 그 둘을 가진 유리한 형세가 되어 상나라 도성에 대한 포위망을 완성하여, 상나라를 긴박하게 핍박하는 형세를 취했다. 주왕을 토벌하여 상나라를 멸하는 것은 이제 시간문제에 불과하게 되었다.

그러나 주문왕은 어느 날 전투에서 중상을 입고 치료를 했으나 효과가 없어 상나라를 멸하려는 꿈을 이루지 못한 채 한을 품고 죽었다. 이에 희발이 왕위를 계승하니 곧 주 무武왕이다. 그는 계속 강태공을 군사로 섬기면서 자신의 동생 주 공단公旦 등을 보좌로 기용했다. 군신이 하나로 협력하고, 상하가 한마음이 되어 언젠가는 상을 멸하겠다는 복수의 결의를 다져간 것이다.

태사 자疵와 소사 강彊은 악기를 들고 서기국으로 달려온 후 주왕이 더욱 흐리고 포학해져서 비간을 죽이고 기자를 감금하여 민중이 반란을 일으키고 친척이 모두 떠나는 지경에 이르렀다고 고하니 희발은 출병할 시기가 되었다고 여겼다.

그리하여 기원전 1026년, 주 무왕과 강태공은 전차 300량, 용사 3,000명과 갑옷과 투구로 무장한 병사 45,000명을 거느리고, 주를 토벌하러 동진하였다. 출병한지 오래지 않아 전군은 맹진盟津*을 건넜다.

맹진에 주둔하여 휴식을 취하며 정돈하고 있을 때, 용傭의 제후가 사자를 보내서 접견을 요청한다 하므로 불러들여 만나니, 사자는 예를 취한 후 말했다. "저는 국왕의 명을 받들어 대왕의 장거에 일익을 담당하고자 병사를 이끌고 왔습니다. 상 주왕은 대역무도하여 충신양민을 살해하고, 민중의 분노를 불러일으키니, 우리는 모두 대왕의 대오에 동참하여 함께 이 혼군昏君을 토벌하기를 원하며, 제후께서 우선 저로 하여금 1만 병사를 거느리고 앞서 와 대왕이 대업을 이루는데 힘을 보태라 하였습니다."

무왕은 매우 기뻐하며 용나라 사자와 군사를 적절히 배치하였다. 주의 군사가 맹진에 도착하였다는 소식이 퍼져나간 후 다시 강羌, 휘徽, 팽彭, 복濮 등 인근 여러 부족의 수령들이 분분히 찾아와 참전하니, 희발이 가늠하기에 거의 400로路의 제후가 참여한 것으로 판단되었다. 서기국의 군대는 순식간에 30여 만으로 늘어난 것이다.

희발이 보니 모두들 사기가 충천하므로 바로 총동원령을 내리며 말했다. "하늘은 군왕을 세워 천하를 통치하게 하였으니, 군왕은 천리를 따라야 한다. 지금의 상나라 주왕은 천, 지, 인의 바른 도리를

---

* 진은 나루.

모두 저버리고, 친족형제를 멀리하며, 선조 이래로 전래되어 온 악곡을 버리고, 음탕한 소리나 만들어 내며, 단정하고 고아한 음악을 어지럽히면서 여자의 환심이나 사고 있다. 오늘, 우리는 하늘을 대신하여 도를 행하여 충신양민을 수도 없이 살해한 혼군을 벌하자. 바라건대 여러분은 한마음 한뜻으로 불세不世의 공을 세우라!"

회발은 비분강개하여 격앙된 어조로 설파하여 사기를 크게 일으켰다. 맹진은 상의 도성에서 약 400리 거리에 있다. 그러므로 그들은 말을 타고 앞으로 나가며, 진군 속도를 높여서 이듬해 2월 드디어 목야牧野에 다다랐다. 연합군이 목야에 도달했을 때는 저녁 무렵이어서 주 무왕은 영을 내려서 군대로 하여금 하룻밤 쉬면서 정돈하게 하고, 다음날 날이 밝기를 기다려 총공격을 명령하려 했다.

다음날 하늘이 희미하게 밝을 때 전군 장병은 출발 준비를 마쳤다. 출발에 앞서 회발은 맹서의 의식을 거행했다. 그는 도도히 흐르는 황하를 마주하고, 왼손에 황색 도끼를 들고, 오른손으로는 깃대머리에 야크 꼬리로 장식한 기를 들고 주나라 장병들과 각 부족 수령들을 향해 말했다. "나의 우방 군주와 장병 여러분 고생이 많소. 여러분의 창을 높이 세우고, 방패를 나란히 하여, 나와 함께 맹세를 합시다."

그는 이어서 말했다. "옛 사람이 말했다. 암탉은 울지 않으며, 암탉이 울면 집안이 망한다고. 오늘날 상의 주왕은 여인의 말만 듣고, 조상에 대한 제사도 폐지하여 묻지 않으며, 조정을 황폐시키고 간신을 기용하고 있다. 우리 주나라는 선왕 때부터 하늘의 뜻을 받들어 상을 멸하고, 만민을 구하고자 힘을 다해 왔다. 선왕이 불행히도 중도에 돌아가시면서 임종 때 나에게 이 중임을 맡겼다. 지금 나 희발은 하늘의 징벌을 공경스럽게 집행한다. 여러분은 전력으로 나를 도와, 위로 하늘의 뜻에 순종하고, 아래로 백성들과 한마음이 되어라. 우리는 함께 이 위대한 공업을 완성하리라. 진격하라, 여러 장수들이여. 모두의 위풍용무威風勇武를 빈다. 상의 도성 교외에서 투항해 오는 주의 사병들을 막지 말고, 그들로 하여금 우리 서방의 제후들을 돕게 하라. 장병들이여 힘을 다하라."

말을 마치자 그는 영을 내려 전군을 이끌고 강을 건넜다. 사람마다 용맹스레 분투하고 서로 앞을 다투어 나가며 천척의 배가 일제히 출발하니 잠시 후 바로 강 맞은편에 닿았다.

당시 주왕은 막 동이東夷를 멸하였는데, 동이는 바로 지금의 산동山東이다. 주왕은 녹대에서 전공을 축하하는 연회를 크게 열어 태평스레 가무를 즐기던 중 주 무왕이 여러 지방 제후들과 연합하여 쇄도해 와 이미 목야에 도착했다는 소식을 들었다.

"뭐라?" 주왕은 대경실색하였다. 전에도 대신들이 주왕에게 날로 강대해지는 서기국에 대해 일깨워주며 말했으나, 주왕에게 서쪽 변방의 이 작은 나라는 안중에도 없었으니, 오늘의 상황은 정말로 그를 크게 놀라게 했던 것이다.

"빨리, 목야에 대*를 높이 세워라."

주왕은 창망 중에 녹대를 내려와 전차를 타고 목읍에 이르러 황토

---

* 台 : 장군대, 즉 지휘탑이다.

언덕 위에 섰다. 때는 이미 황혼에 이르러 그가 임시로 축조된 높은 대에 올라 멀리 주나라 군사들을 보니 모닥불이 목야 평원을 가득 메우고 있는 바, 모두가 주나라 병사들이 쉬면서 정리하고 밥을 짓는 모습이었다. 불이 오르는 면적이 매우 커서 멀리까지 이어져 있는 것이 마치 불의 바다와 같았다.

희발이 이끄는 군의 수는 주왕의 예상을 크게 넘어선 것이었다.

"들은 바로는 맹진에 도착했을 때 800로의 제후들이 찾아와 진에 합류했다 하며, 그래서 주군의 숫자가 크게 늘어난 것입니다." 옆에 있던 연락병이 말했다.

주왕은 너무 긴장해서 술조차 다 깨 버리고, 황급히 조정으로 돌아와 병력을 조직하여 응전하려 했다. 그러나 나라의 주력 부대는 아직 동이 전선에 있고, 도성과 거리가 멀어 지금 파발을 보내도 시간에 맞출 수 없는지라, 주왕은 하는 수 없이 동이 전선에서 잡아 온 전쟁 포로와 도성과 주변의 노예들로 임시적으로 군대를 편성하여 전위로 삼고 목야로 나가 응전했다. 그런 한편 도성에도 일단의 군사력을 남겨 두어서 후위로 삼았다.

사정이 긴급하므로 주왕이 친히 군을 인솔하여 출정했다. 모든 것이 거의 준비되었을 때 그는 군대를 이끌고 목야에 진을 폈다. 양군이 대치하여 보니, 상군의 수가 더 많았으나, 상군은 사기가 극히 저하되어 있고 군심도 흩어져 있었다.

때는 음력 2월, 봄빛이 무한히 좋아 아름답기까지 한 햇빛은 따사로이 대지를 비추고 있었다. 광활한 들판에는 양 군이 소리도 내지 않고, 조용히 대치하였으니, 큰 싸움 전 일촉즉발의 찰나였다.

북소리를 따라 전쟁은 시작되었고, 고함소리가 전장을 가득 메웠다. 한 시진*이 지나도록 승부는 알 수 없었으니, 한쪽은 병사가 많고, 한쪽은 사기가 충천하니, 각각 한편의 우세를 점하고 있었다. 다시 반 시진이 지나자 전국戰局은 마침내 변하기 시작했다.

주왕의 군대는 병력은 많았으나 실제 싸우고자 하는 마음이 없고 오히려 마음속으로 주 무왕이 빨리 공격해 오기를 기다리던 터라 주왕이 좌우로 영기令旗를 흔들고, 전위에게 응전하도록 명령했으나 앞으로 나가려 하지 않았다. 몇몇 병사들은 쳐들어오는 주나라 군사를 맞이하여 뜻밖에 창을 거꾸로 잡고 주군을 따라 거꾸로 육박해 오기도 하니, 주왕의 군대는 대오가 한순간에 크게 흐트러졌다. 이어서, 무왕의 대군이 엄습해 오니, 주왕의 노예들은 분분히 무기를 거꾸로 잡고 자신의 군대를 공격하며 무왕에게 길을 열어 주었다.

혼란한 틈을 타 주나라 병사들이 돌격을 하여 상나라 군대의 약한 곳을 타격하니, 상나라 군대는 주나라 군과 창을 거꾸로 든 노예들을 감당하지 못하고, 조수潮水처럼 무너져 내렸다.

주왕은 외성에서 다시 대오를 정돈하여 배수의 일전을 준비했다. 곧 도성을 지키는 군대와 주나라 군이 한바탕 하늘이 흐리고 땅이 캄캄해지며 귀신이 울부짖는天昏地暗, 鬼哭神嚎 듯한 살육전殺戰戰을 벌이니 사상자가 수도 없이 많아지면서 성 둘레의 해자가 피로 붉게 물들었다.

---

* 時辰 : 1일을 12시진으로 나누었으므로 1시진은 지금의 2시간에 해당한다.

결과는 다시 주왕의 패배였다.

주왕은 녹대로 달아났다. 주나라 군은 금우령金牛嶺을 함락시킨 다음 녹대로 몰려들어 왔다. 녹대에서 쌍방은 다시 한 번 최후의 결전을 벌였으나, 주왕의 잔여 부대는 사살되거나, 포로가 되었다. 주왕은 창황 중에 성으로 돌아와 녹대에 오른 다음 자신의 보옥의寶玉衣를 입고, 불 속에 뛰어들어 스스로 타 죽었다.

주왕이 죽은 다음 희발의 대군은 그날 중으로 상나라 도성에 입성했다. 무왕은 사직제단에 이르는 도로를 깨끗이 쓸게 하고 은나라 사직에 제사를 올렸다. 끝으로 희발은 서주 왕조를 세우고, 며칠 후 도성을 호경鎬京으로 옮겼으니, 포학무도했던 주왕은 결국 희발에 의해 역사 속으로 밀려 났다.

패전하여 파괴된 황궁에서 희발은 십수 년간 보지 못했던 달기, 그 옛날의 애인을 만났다. 달기는 화원에 반듯이 앉아 있었고, 궁녀와 궁인은 모두 달아나고 없었다. 희발이 보니 이 화원에도 연못이 있어 그 안에 부용을 가득 심어 두었으나, 여름이 되지 않아 아직 개화하지 않고 있었다.

희발은 따르는 모든 사람들에게 물러가라 한 다음 조용히 달기 곁으로 다가가 말했다. "연못에 꽃이 없는데, 그대는 여기서 무얼 감상하는가?"

달기는 머리도 들지 않고, 그윽하게 말했다. "이 연못은 내가 여기 왔을 때 바로 만들었고, 나는 사람을 시켜 연못 가득 부용을 심었으나, 부용은 오래 전에 죽어 버렸고, 지금은 버려진 연못이지요."

희발은 무슨 말을 해야 할지 몰랐다. 눈앞의 이 여인은 악이 배어 온몸에 찬 요후妖后로 더는 전날의 순박하고 아름다웠던 어린 아가씨가 아니었다. 지금 돌아보면 지난날을 씻는다는 것은 이제 아무 소용이 없는 듯했다. 이왕 모든 것이 과거사가 되어 되돌릴 수 없으니, 유한遺恨은 영원히 유한으로 남게 하리라.

장군이며 사병들과 백성들이 분노하여 절규하는 가운데 달기는 목이 잘렸고, 이때 희발은 이미 귀로歸路에 있었다.

어느 왕조든 그 멸망 시에는 절세미인으로 인한 화禍에 관한 전설이 있는데, 달기는 그중에서도 가장 전형적인 예이다. 사람들은 그녀를 가리켜 여우가 군주를 홀린 것이며, 주왕을 홀려서 혼이 몸을 떠나 버린 나머지 그 좋은 산하山河마저 잃어버리게 했다고 말한다. 그러나 국가 멸망의 모든 원인을 오로지 일개 여인에게 돌리는 것은 공평하지 않다. 달기가 궁에 들어간 것은 사실 간첩의 신분으로서였으며, 이 임무는 주왕으로 하여금 학정을 하도록 돕는 것이 아니라, 주왕을 전복하려는 것이었다. 그러나 이 간첩은 전문적인 훈련도 받지 않은데다 심성이 너무 약해서, 몇 번의 엄청난 타격을 받고는 자신의 임무를 포기해 버렸고 애써 가꾸어 온 자신의 사랑도, 생명도 모두 포기해 버린 것이 아니었던가?

서시

그녀는 경국경성(傾國傾城)의 미인일 뿐 아니라, 절세의 풍치와 재주를 갖춘 위에 담량과 견식을 겸비하여 월나라를 도와 성공적으로 오나라에 설욕을 했다. 그녀는 국난에 처하자 굴욕을 견디고 막중한 임무를 띠어 나라에 몸을 맡겼으니 미모와 절개의 화신이며, 하나의 전설이다. 그녀의 이야기는 민간에 널리 전해졌으며, 그녀의 고상한 애국심으로 인하여 사람들은 널리 이를 전하며 사모하였다.

－서시(출생 및 사망 시기 불명)

서시
西施

회계의 전투와 망국의 치욕 : 會稽之戰亡國之恥

춘추시대 말 절강성 일대의 신흥 강국 오吳와 월越은 패권을 다투어 일장 전투를 벌였다. 기원전 494년 월나라가 수군으로 오나라를 공격하여 쌍방은 동정산洞庭山에서 큰 전투를 벌였다. 결과는 월군의 패배로 월군은 주력부대가 궤멸되었다. 오군은 승세를 타고 추격하여 월의 수도 회계*를 점령하였으며, 월왕 구천은 잔여부대 5천과 함께 회계산 위에서 포위되었다.

구천은 오의 대군이 국경을 압박하는 것을 눈으로 보면서 마음이

....
* 오늘날의 절강성 소흥(紹興)을 말한다.

매우 다급했지만 아무런 방도가 없었다. 구천은 탄식하며 말했다.
"내 진실로 여기에서 일생을 마쳐야 한단 말인가?"

구천이 이렇게 낙담해 하는 것을 보고, 대신 문종文種이 말했다.
"대왕 상나라 탕湯왕은 하대夏台에 갇혔었고, 주 문왕은 유리羑里*에서
묶여 있었으며, 진晉나라 중이仲耳는 적翟으로 도망갔었고, 제나라 소
백小白은 영莒으로 달아났지 않았습니까? 그러나 이들은 모두 후일 천
하의 패자霸者가 되었습니다. 이렇게 본다면 우리가 여기서 곤경에 처
한 것이 반드시 나쁜 일이라고만 할 수는 없습니다. 대왕 낙심하지
마십시오. 저는 대왕께서 언젠가는 천하를 제패하리라 믿습니다. 지
금 급한 것은 이 문제를 해결한 방도를 찾는 것입니다."

구천이 물었다. "너는 벌써 어떤 방안을 가지고 있는가?"

문종이 말했다. "지금은 적과 우리의 군세 차이가 너무 크므로 오
군을 찾아가 강화를 청하는 수밖에 없습니다."

구천이 또 물었다. "만약 오군이 승낙하지 않는다면 우리 스스로
치욕을 자초한 것밖에 더 되겠는가?"

문종이 답했다. "오왕 부차에게는 가장 신임하는 두 신하가 있습니
다. 하나는 재상 백비伯嚭이며, 하나는 상국 오자서伍子胥인데 오자서
는 성격이 직선적이고 꽐꽐하며 주전파입니다. 그러므로 우리는 백비
쪽에 손을 쓰는 수밖에 없습니다."

구천이 물었다. "만약 백비가 승낙하지 않으려 하면 어떻게 하지?"

---

* 羑里 : 지금 하남의 탕명(湯明) 일대를 말한다.

문종은 바로 말했다. "그럴 리 없습니다. 대왕, 안심하십시오. 백비란 인간은 재물과 색을 탐하며, 어질고 능력 있는 이를 질시하여 오자서와는 줄곧 사이가 좋지 않습니다. 반면 오자서는 직언으로 간하기를 좋아하여 늘 오왕의 체면도 돌보지 않고 마구 말을 해대니, 오왕도 그다지 좋아하지 않습니다. 오늘 우리가 약간의 미녀를 선발하고, 많은 황금을 준비하여 백비에게 보낸다면 그는 기뻐하여 오왕에게 우리를 위해 말을 할 것이므로 그때 가서 오자서가 반대하더라도 괜찮을 것입니다."

그래서 구천은 바로 사람을 보내 회계성에 이르러 남 몰래 일군의 미인을 골라 잘 입히고 화장하게 한 다음 황금 만 냥을 따로 준비하여 문종으로 하여금 백비를 찾아가 보도록 했다.

백비는 막 쉬고자 하다가 월나라에서 사신을 보내 접견을 청한다는 말을 듣고, 강화를 청하는 것인 줄 알고 상대하지 않기로 했다.

그러나 상대방이 많은 물건과 미녀를 대동하여 왔다는 말을 듣고는 마음이 동하여 문종을 들이게 했다.

문종은 예를 하고 나서 말했다. "저는 월나라의 신하로 문종이라 합니다. 월왕 구천은 나이 어리고, 무지하여 국가를 제대로 다스리지 못한데다가 함부로 무력을 농단하여 오나라로 쳐들어갔으니, 가히 용서 받지 못할 일입니다. 그러나 현재 그는 몹시 후회하면서 신하로서 오나라를 섬기고자 합니다."

백비가 떨떠름하게 받았다. "월나라가 오나라에 의해 없어지는 것은 시간문제인데, 그대가 나를 찾아오든 안 찾아오든 다를 게 없네."

문종이 이어서 말했다. "월나라 군이 지금 비록 패하였으나, 아직 남은 수비병이 정병精兵 오천은 됩니다. 게다가 지금 오군과 월군의 형세를 볼 때 월군이 배수의 일전을 벌인다면 그때 누가 이기고 누가 진다고 쉽게 말할 수 없습니다."

문종은 백비가 아무 말이 없는 것을 보고 말을 이어 갔다. "월왕은 이미 조치를 마쳤습니다. 만약 월군이 패한다면 국고의 돈과 재물을 모두 태워 버리고 초나라로 몸을 의탁하여 갈 것이니, 월나라가 오나라 수중에 떨어지는 일은 없을 것입니다. 오나라가 월나라를 점령하여 국고의 돈과 재물을 온전히 보유하게 된다손 치더라도 태재太宰께서 얻는 것은 그중 아주 작은 일부분일 것입니다. 그러나 대인이 월나라의 요청을 받아들여 우리 주군의 생명을 지켜주신다면 월왕은 생명을 구해 준 대인의 은혜에 감사하여 반드시 크게 보은할 것입니다. 매년 오왕에게 보내는 공물도 우선 대인의 태재부太宰府로 보낼 것이니, 대인께서 그중에서 마음대로 골라 쓰실 수 있습니다."

백비는 문종의 이 말로 마음이 동하여 못 이기는 척 고개를 끄덕이며 웃었다.

문종은 상황을 보아 옷 속에서 선물 목록을 꺼내면서 "이것은 월왕이 저를 보내서 우선 대인께 표시하는 작은 성의이니 웃으며 거둬 주십시오."라고 말했다.

백비는 저절로 입이 벌어지게 웃으면서 선물 목록을 받고, 입으로는 말했다. "대왕께서 그대를 보내 나를 찾은 것은 내가 끝까지 상대를 살육하고, 절멸시키며, 남의 재앙이며 환난을 즐기는 유의 사람이 아닌 것을 아시기 때문이겠지. 대왕이 나를 이렇게 신임하시니, 이 일은 내 반드시 도와주리다."

그리하여 그 다음날 백비는 오왕을 배알했다. 오왕 부차夫差는 백비가 월나라를 위해 하는 말을 듣고 화를 참지 못하고 말했다. "이번 전쟁은 월나라가 일으킨 것으로 스스로 멸망을 초래했는데 내 어찌 용서할 수 있겠는가?"

백비는 웃으며 말했다. "대왕, 월나라가 패전하는 것은 이미 기정사실이며, 물론 끝까지 그들을 절멸시키는 것도 한 방법이겠지만 그렇게 한다면 다른 사람들이 우리를 인의의 마음仁義之心이 없다고 욕할 것입니다. 지금 저들이 강화를 청해 왔는데 이를 받아들이신다면 월나라도 대왕의 것이며, 월왕이 대왕의 신하가 될 뿐 아니라 월나라의 보배며 여자들이 모두 대왕의 것이 될 것입니다. 그 외에 좋은 평판을 얻을 것이니, 다들 대왕을 인자한 군왕이며 오로지 무력이나 쓸 줄 아는 그런 폭군이 아니라고 말할 것 아닙니까? 이렇게 된다면 대왕이 제후들 사이에서 위신도 세우고, 그리하여 춘추패업春秋霸業에도 크게 도움이 될 것입니다."

백비의 일장 담론은 부차를 저도 모르게 동하게 했다. 당시 오나라는 몇몇 제후국들 중에서 세력이 가장 큰 것도 아닌데다가 초나라 등 몇몇 나라와 원수가 되어 있었다. 부차는 너무나 패자霸主가 되고 싶어서 군량을 저축하고, 병사를 훈련시키는 등 이미 수년간 부국강병에 힘써 왔었다.

백비는 이어서 말했다. "월군은 이미 망명의 무리가 되어 있는데 옛말에도 비분강개한 군사는 반드시 이긴다고 했습니다哀兵必勝. 만약 그들을 급박하게 핍박하여, 흉맹스럽게 일어서게 한다면 비록 우리가 병력이 많다 해도 반드시 이긴다고 말하기가 어렵습니다. 그때가 되면 오나라는 제후국들에게 웃음거리가 되고 말 것입니다.”

부차는 견디지 못하고 일어나서 장막 안을 걸어 들어가면서 말했다. “그대 말이 참으로 일리 있다. 그러나 호랑이를 놓아 산으로 돌려보내 끝없는 후환을 남기는 것이 아닌지 바로 그게 걱정이야! 수년 후 구천이 다시 산하를 뒤흔들면서 나를 향해 병을 일으킬 가능성도 없다고 할 수 없어.”

백비는 웃으면서 말했다. “대왕께서 걱정되신다면 구천 부부를 데리고 오나라로 가서 감옥에 가둬 두시지요. 이러면 그가 아무리 큰 뜻을 품는다 한들 펼 방법이 없을 것입니다.”

부차는 생각 끝에 백비의 의견을 받아들였다.

오자서는 이 소식을 듣고 기절할 듯이 급히 부차의 군막으로 달려왔으나, 이미 부차가 월나라에 강화를 수락하고 난 뒤였다.

오자서는 화가 나서 안색이 푸르게 굳어지며 탄식했다. “10년 후 월나라가 다시 병마를 정돈하여 오나라를 칠 때가 되면 오나라는 그대로 멸망이다.” 말을 마치고는 가쁜 숨을 몰아쉬며 가버렸다. 월왕 구천은 오왕 부차에 의하여 연금된 후 갈대풀잎으로 이은 집茅草房에 묵으며 노예로서 살았으며, 매일 엄청난 농사일을 했다. 이때 범려와 문종은 여전히 구천을 옆에서 모시고 있었으며, 구천이 여러 번 그들에게 달리 살길을 모색해 보라고 했으나 그들은 거절했다. 범려范蠡가 말했다. "신하가 무능하여 임금을 잘 보좌하지 못하여 임금이 이런 고통을 당하는데 이런 때 떠난다면 너무나 불인불의不仁不義한 것입니다. 우리는 대왕을 옆에서 모시고 대왕을 도와서 다시 월나라를 일으킬 것입니다."

오자서는 오왕 부차가 월나라와 강화한 것이 늘 마음에 걸려서 여러 번 오왕에게 간하여 사리를 설명하면서 구천 부부를 죽이자고 했다. 부차도 오자서의 말을 듣고는 사람을 보내 월왕을 불러 죽이려고 했다.

구천이 이를 알고 크게 겁이나 범려를 불러서 말했다. "내가 이미 여기서 3년의 고생을 견뎌 왔는데, 지금에 이르러 오왕에 의해 죽고 만다면 공든 탑이 무너지는 것이 아니고 무엇이겠는가?"

범려가 구천을 위로하며 말했다. "대왕께서는 겁내실 필요 없습니다. 오왕이 3년간 대왕을 죽이지 않았는데, 어디 하루저녁에 변심하여 대왕을 죽이겠습니까? 안심하셔도 됩니다. 그때 가서 우리가 사정을 봐서 처리하겠습니다."

그래서 구천은 범려를 데리고 갔다.

왕궁에 도착하여 두 사람은 우선 백비를 찾아 인사했다. 그곳에서 그들은 오왕이 마침 병이 들었다는 사실을 알았다. 범려가 구천에게 말했다. "지금은 오왕에 대한 우리의 충성심을 표시하여 대왕의 생명과 바꾸는 수밖에 없습니다."

구천이 급히 물었다. "어떻게 충심을 표시해야 하나?"

범려가 말했다. "지금 오왕은 병이 든지 여러 날 되었는데 아직 죽지 않았습니다. 이것은 병이 그리 중하지 않고, 조금 시간이 지나면 바로 좋아질 것이라는 징조입니다. 대왕께서 오왕을 보시거든 그의 똥을 맛보고, 그 색깔을 보신 다음 그의 병세가 빨리 쾌차할 것이라고 하십시오. 오왕이 대왕의 이런 충성심을 보면 차마 대왕을 죽이지 못할 것입니다."

구천이 듣더니 얼굴색이 변하며 가라앉았다. "내 지금 비록 오왕 아래 죄인이 되어 있지만, 그래도 명색이 한 나라의 임금인데, 어찌 스스로 이런 치욕을 자청할 수 있겠는가?"

범려가 말했다. "옛날 서백西伯은 자기 아들의 고기를 먹었습니다.* 대장부가 대사를 성취하고자 하는데 어찌 체면에 구애되며, 작은 일을 꺼릴 수 있겠습니까?"

구천은 한참 생각하더니 범려의 건의를 받아들였다.

과연 오왕은 크게 감동하여 오자서가 쓸데없이 걱정한다고 생각하며 구천에게 말했다. "월왕이 이렇게 인의로우니, 내 응당 그대에게 경계심을 가져서는 안되지! 오늘 이후 그대는 월나라로 돌아가서 편하게 생활하시게!"

오자서가 듣자 하니 부차가 한술 더 떠서 구천을 놓아 보낼 준비를 한다고 하므로 바로 뛰어와서 오왕에게 면담을 신청해서 말했다. "구천은 비록 겉으로는 온화하고 공경한 척 하지만 사실은 호랑이와 이

---

* 상나라 주(紂)왕이 자신의 폭정을 한탄하던 서기국 제후(西伯) 희창을 옥에 가둔 후 풀어주면서 그의 아들을 죽여서 그 고기를 먹게 한 것을 말한다. 서백은 후일의 주나라 문왕이며, 그의 아들 무왕이 주를 토벌하고 상나라를 멸했다. 달기 편 참조.

리의 마음을 가졌습니다. 대왕께서 그의 아첨하는 말을 믿고 장차의 숨겨진 환난을 고려하지 아니하심은 불가합니다."

오왕도 화가 나서 말했다. "과인이 병상에 3개월을 있었건만 그대는 한 번도 나를 위로한 적이 없고, 물건 하나 보내온 적이 없다. 월왕은 내게 귀순한 후 매년 공물을 바칠 뿐 아니라, 내가 병이 드니 놀랍게도 나의 변을 맛보기까지 했다. 이는 그대가 더욱 할 수 없는 일이다! 월왕이 이와 같은 충의의 신하인데 내 어찌 그를 죽일 수 있단 말인가?"

오자서가 말했다. "대왕, 어찌 이렇게 어리석으십니까? 월왕의 원한을 대왕께서 어찌 아시기나 하시겠습니까? 그가 대왕의 똥을 맛본다는 것은 실제로 대왕의 심장을 먹는 것입니다. 대왕께서 일찍 살피지 않으시면 그의 계책에 넘어가 훗날 틀림없이 끝없는 환난을 당하실 것입니다."

그러나 오왕의 귀에 더 이상 오자서의 말은 들리지도 않았으니, 오왕은 다시 말했다. "내 이미 결정했으니, 그대는 더 말을 말라."

오자서가 보니 오왕의 결심이 이미 굳은 터라 물러날 수밖에 없었다.

멸오칠계 : 滅吳七計

구천은 드디어 장장 3년을 떠나 있었던 회계성으로 돌아왔다. 구천은 막 왕위에 오를 때의 자신을 생각하고, 다시 현재의 낭패한 모습을 돌아보니 눈앞이 캄캄해지며 낙담하게 됨을 어쩔 수 없었다.

이때 문종이 위로하며 말했다. "대왕 상심하실 필요 없습니다. 우리 오병이 우리 월나라의 성 아래 도착한 이래 대왕께서는 오나라에 강화를 청하고, 다시 고국으로 돌아오기까지 어려움이 있었으나, 그래도 놀랄 일이 있었을 뿐 위험한 일은 모두 비켜가서 매번 성공했습니다. 이제 월나라에 돌아오셨으니, 의당 즐거워하셔야 할 일입니다."

구천이 말했다. "경의 말이 옳소. 다만 지금 월나라는 한 무리의 용들이 머리도 없이 이미 3년을 보낸 지경이라 경제는 피폐하고, 모든 것이 버려져 다시 일으켜주길 기다리니 나는 어디에서부터 착수를 해야 할지?"

문종이 말했다. "다시 한 번 깃대를 높이 들고 북을 울리려면 우선 백성과 대신들을 위무하는 것이 자연스럽습니다. 그 외에 오국에 대처해야 할 것인데, 이 문제는 상세하고 주도면밀한 계책을 수립해야 할 것입니다."

구천이 물었다. "비위를 맞춰야 된다는 것이렷다."

문종이 고개를 끄덕였다. "바로 그렇습니다. 첫째 방책은 오나라에 돈과 재물을 공물로 바쳐 오왕을 미혹하여 그가 대왕께서 일편단심 충신이라고 여기어 대왕에 대한 방비를 하지 않게 하는 것입니다. 둘째 방안은 오나라 국고의 양식을 헛되이 낭비하게 만드는 것입니다. 셋째로는 오왕에게 절색의 미인을 보내서 그의 심지를 흐리게 하는 것입니다. 넷째는 그에게 솜씨 좋은 장인과 좋은 목재를 보내서 그가 궁실을 짓도록 도와주는 것입니다. 예부터 많은 망국의 임금은 모두 총애하는 비에게 궁실을 지어 주기 위해 농민을 힘들게 하고 재물을 날려서 멸망을 재촉했습니다. 다섯째는 계책을 써서 그의 지모 있는 신하를 제거함으로써 그의 팔다리를 자르는 것입니다. 여섯은 그 대신들을 이간질하고, 일곱째는 우리가 생산을 늘리고 양식을 많이 준비하며, 힘을 들여 병력을 조련한 뒤 오왕이 방비를 소홀히 한 틈을 타 오나라를 타도하는 것입니다."

구천이 듣더니 고개를 끄덕이며 말했다. "경이 보기에 우선 어떤 계책을 먼저 써야 할까?"

문종이 대답했다. "신이 듣기에 오왕 부차는 지금 소주에 고소대姑蘇台를 지어서 즐기려고 준비한다 합니다. 대왕께서는 이 기회에 오왕에게 좋은 목재와 장인들을 보내서 그가 고소대를 짓는 일을 도와주심이 가하겠습니다."

이 시절 오왕은 최대의 적수인 월나라를 쳐서 이기고 이미 동남의 패자를 칭하며 득의양양할 때였다. 그러나 고소대 건조를 준비하는 것은 그 면적이 엄청 큰데다가 상등품 목재를 골라 써야 하는데 당장 목재는 그 양이 부족하였다. 그리하여 부차는 수만 냥의 황금을 현상금으로 내걸고 나라 전체와 다른 제후국에까지 널리 상등품 목재를 구하고 있었다.

부차는 고소대의 자재가 부족하여 고심하다가, 구천이 많은 양의 좋은 목재를 보내오는 것을 보고는 좋아서 크게 기뻐했다.

그러나 누가 알았으랴 오자서가 분연히 일어나 부차에게 간했으니

"상나라 주왕은 녹대를 건조하여 백성을 힘들게 하고 재물을 탕진하여 후일 멸망했습니다. 지금 구천이 대왕께 이렇게 많은 목재를 보내온 것은 오나라가 하루 빨리 멸망하기를 바라는 것입니다! 대왕 받지 마십시오!"

부차가 한참 신바람 날 때 이런 말이 귀에 들릴 리가 없었으니 바로 말했다. "구천은 내가 한 말을 마음에 두었다가 지금 내가 뭘 고심하는지 알고 정성을 다하여 목재를 구하여 내 화급한 문제를 대신 해결해 주니 좋은 뜻이야. 어찌 호의를 거절할 수 있겠는가?"

부차는 오자서의 간언을 듣지 않고, 구천이 보내온 목재를 모두 소주로 보내 고소대 건축에 썼다.

고소대는 5년간의 공정 끝에 성공적으로 완성되었는데 그에 앞서 목재를 고르고 구한 시간까지 합하면 모두 8년의 세월이 소요되었다. 당시 오월지방에서 가장 큰 공사였으며 그 규모의 크기나, 목재를 정선한 것이 이전의 하나라 걸왕이 건조한 영대靈台도 이에 비할 수 없었으며, 상나라 주왕이 건조한 녹대鹿台도 이 정도의 기백은 없었다. 고소대를 건조하느라 여러 지방의 백성들이 고향을 등지고 그곳에 가서 군주가 즐길 장소를 지었으며, 당시의 안전조치가 너무 낙후했었기 때문에 많은 일꾼들이 가면 고향으로 돌아가지 못하고 그 자리에서 죽었으니, 이로 인해 한 차례 일꾼들의 반란도 있었다. 그러나 당시 오나라는 아직 전성기라 동란은 신속히 진압되었고, 고소대 공사는 계속 진행될 수 있었다. 그러나 고소대를 세우면서 오나라는 엄청난 재력을 소모하였고, 백성들의 불만이 널리 퍼지게 되었다.

문종의 이 계책은 성공한 것이다.

오왕이 반란을 진압하느라 분주할 때 월왕 구천은 이미 또 하나의 일을 꾸미고 있었다. 이날 구천은 문종에게 말했다. "지금 오나라는 오왕이 궁실을 짓느라 이미 백성의 원한이 쌓여 있는바, 보아하니 이 계책은 매우 유용했어. 그러나 미인계 또한 빨리 착수하는 것이 좋겠네. 왜냐하면 오왕이 그 심지가 어지러워지려면 미인을 보내고도 3년이나 5년으로도 모자라지 않을까 싶으니 말이야."

문종이 고개를 끄떡였다.

구천이 한참 생각하더니 말했다. "내 당장 각 지방에 명을 내려서 그 지방의 미인들을 모두 회계성으로 보내라 하여 그중에서 골라 뽑아 부차에게 보내지."

문종이 듣더니 황급히 말린다. "대왕 그래서는 안됩니다."

구천이 물었다. "왜?"

문종이 말했다. "대왕께서 이렇게 깃대를 들고 북을 치면서 전국에서 미인을 뽑는다면 풀을 두드려 뱀을 놀라게 하는打草驚蛇 것이 됩니다. 부차도 놀라서 대왕의 동기를 의심할 것입니다. 그보다는 사람을 보내서 그의 책임하에 몰래 월나라의 여자들을 찾아보게 하는 것이 낫겠습니다. 대왕의 뜻은 어떠하신지요?"

구천도 고개를 끄떡였다. "좋아 그럼 범려를 보내지!"

범려는 수백 명의 사람을 전국 각지로 분산하여 보내서, 몰래 미인을 두루 구해 보게 했다. 월나라는 동남의 물이 많은 지방이라 바로 미녀들이 많이 나오는 지방이었다. 범려는 적지 않은 미녀를 거두어

들인 다음 모두 회개성으로 보내 구천이 보게 준비했다.

반년이 지났다. 범려가 보니 성과가 적지 아니하므로, 회계성으로 돌아가서 보고할 준비를 했다. 돌아가는 중 산 맑고, 물 좋은 지방을 지날 때 범려는 길을 잃고 조급해 하다가 멀지 않은 곳에 인가를 발견하고 속으로 기뻐하며 그리로 갔다.

얼마간을 걸으니, 작은 촌락에 도달했는데 동네 입구에 작은 시냇물이 있었고, 그곳에서 몇 명의 아가씨들이 옷을 빨고 있었다. 범려가 지난 반년간 한 것은 별을 찾는^{星探} 작업이었으니, 젊은 여자들을 보기만 하면 자세히 관찰하게 되었는데, 자신이 필요한 사람을 구함이 아니었다. 이 몇 명의 마을 아가씨 중에 범려는 몸맵시가 영롱한 한 여자를 발견하고 그 얼굴은 어떻게 생겼는지 보고 싶어졌다. 길을 묻는 걸 구실로 하여 앞으로 다가가 바로 그 아가씨에게 물었다. "아가씨 실례합니다."

아가씨들은 저도 모르게 모두 고개를 돌려서 범려를 봤는데, 고개를 돌리는 순간 범려는 이 아가씨의 용모를 보고 저도 모르게 놀라서 멍해졌다.

범려가 이 반년 동안 찾아 본 미녀들이 천 명을 넘지만, 뜻밖에도 그중 어느 한 명도 눈앞의 이 아가씨와 아름다움을 다툴 수 없을 정도였다. 비록 촌 아가씨지만 맑은 눈동자, 새하얀 치아에 가을 파도를 머금은 눈이며, 상아처럼 새하얀 바탕에 붉은색이 감도는 피부를 갖추고, 보통 사람들과 다른 기질을 발산하며, 그 위에 버들처럼 부드러운 몸매를 갖췄으니 진정으로 인간세상 최고의 미인이었다.

이렇게 외진 곳에 놀랍게도 이런 절세미인이 있다니, 범려는 경탄해 마지않았다.

아가씨는 범려가 바라보니 계면쩍어 물었다. "이분 관리께서는 여기 사람이 아닌 것 같은데 무슨 일이 있으신지요?"

범려는 급히 예를 갖추고 말했다. "소생은 이곳을 지나다가 길을 잃었습니다. 묻노니 아가씨 여기는 어느 지방입니까?"

아가씨는 깔깔 웃으며 대답했다. "여기는 제개현諸暨縣이며, 이 마을은 저라촌苧蘿村이라 합니다. 이산이 저라산苧蘿山인데 관리께서는 어디로 가시는지요?"

범려가 답했다. "소생은 회계성으로 갑니다."

아가씨는 '아!' 하고 말했다. "관리께서는 원래 회계성으로 가시려던 것이었군요. 이 산을 넘으면 바로 제개현성이며, 다시 북쪽으로 가시기만 하면 됩니다."

잠시 있다가 아가씨는 다시 말했다. "관리께서는 도성에서 오셨으니, 생각건대 조정의 사람이신가 봐요."

범려가 말했다. "사실대로 말씀 드리지요. 저는 상국 범려입니다."

아가씨들은 모두 놀라서 감히 말을 못했으나, 이 아가씨만은 긴장하지도 그렇다고 느리지도 않게 범려에게 예를 올렸다. "촌구석의 여자 시이광施夷光이 상국이 오신 것을 몰라 뵙고 결례했습니다. 용서하십시오!"

범려가 말했다. "시이광이라 하셨나요?"

시이광이 답했다. "그렇습니다. 제 성은 시이고 이름은 이광입니다. 이 동네 사람들은 모두 성이 시인데, 우리 집이 동네 서쪽 모서리에 있으므로 저를 서시라고도 부릅니다."

범려가 이어서 말했다. "이번에 제가 미복微服으로 여기까지 오게 된 것은 월왕의 명을 받들어 재색을 겸비한 여자들을 찾아 궁으로 보내기 위해서입니다."

서시는 순간 얼굴색이 변하여서 말했다. "촌년이 비록 산중에 살지만 월왕이 막 오나라로부터 풀려나 돌아오신 것은 알고 있습니다. 왕으로서는 당연히 힘과 정성을 다해 나라를 다스리고, 일으킬 일이지 어찌 미녀를 찾을 생각을 하신다는 겁니까?"

범려는 이 아가씨가 깊은 산속에 살면서도 나랏일에 대해 이토록 관심을 갖고 있으리라고는 생각도 못했던 터라, 그녀에게 일의 전말을 모두 이야기했다.

서시는 한참 생각하더니 결연히 말했다. "국가에 도움이 된다면 자리를 가리지 않을 것입니다. 저는 일개 여자에 불과한데 이러한 기회가 주어진 것도 삼생에 한 번 있을 행운입니다. 다만 부모님이 저를 여러 해 키우셨으니, 이런 중대사는 그래도 부모님과 상의해야지요."

서시의 부친도 충의애국지사여서 딸이 국가를 위해 몸을 다해 충성하도록 선발될 것이라는 말을 듣고는 한마디로 승낙했다. 그리하여 범려는 신속히 마차를 준비하여 그 다음날로 서시를 데려갔다.

이렇게 해서 서시는 빨래하던 한 평범한 여자에서부터 인생을 바꿀 일보를 내디뎠다.

토성에서 훈련을 받다 : 土城受訓

범려는 빨래하던 여자들 중에 또 하나의 미인을 발견했는데, 비록 한마디도 말은 하지 않았지만 범려는 그녀도 주의 깊게 보았으며, 서시와 함께 회계로 데려갔다. 이 여자는 정단鄭旦이라 하여 이후 서시의 좋은 친구로 오나라에서 규방 생활을 함께하게 된다.

서시와 정단, 두 국색천향國色天香의 미녀들이 능라주단을 걸치고, 가볍게 화장을 하니 더욱 하늘거리는 아름다운 자태가 되었다. 범려는 차려 입고 화장한 두 여자를 보고는 저절로 입이 벌어졌다.

회계성에 도착한 후, 수많은 백성들이 상국 범려가 두 사람의 절세미인을 데려왔다는 말을 듣고는 그 아름다운 얼굴을 한번이라도 보고자 앞을 다투어 오니 도로가 막혀서 마차가 갈 수 없게 되었다. 범려는 말했다. "다들 조급해 하지 마시오. 미인들은 별관에 도착할 것이며 여러분들이 보고 싶다면 한 사람 앞에 1원씩만 내면 되요."

이 말을 듣고 모든 사람들이 서시와 정단이 탄 마차가 지나가게 순순히 길을 내주었다.

두 사람이 별관에 도착하자 범려는 과연 돈 궤짝을 만들었는데, 미인을 보고자 백성들이 앞을 다투어 오니 돈 궤짝은 금세 차 버렸다. 그래서 범려는 돈 궤짝을 여러 개 만들어 수일간 계속하여 적지 않은 돈을 거둔 후 구천에게 바쳐서 국고에 충당하였다.

범려는 돈을 받고는 여러 사람들의 요구에 응하여 서시와 정단으로 하여금 성루에 서서 사람들이 잘 볼 수 있도록 했다. 멀리서 바라

보니 두 미인은 선녀가 속세에 내려 온 듯하니, 모두들 칭찬해 마지 않았다.

이 같은 한 쌍의 절세미인이 도성에 도착하자, 범려는 달리 구했던 천여 명의 여자들과 함께 모두를 궁으로 보냈다. 이중 다시 엄선하여 50여 명을 남겨서 구천이 친히 보게 했다. 자연히 서시와 정단, 두 사람의 미색이 압도적이어서 부차에게 보내는 것으로 정해졌다.

이번에 오나라로 보내지는 것은 사명을 띤 것으로 그를 위해 부차의 총애를 얻기에는 미모만으로는 부족했다. 범려는 구천에게 말했다. "진정한 미인은 반드시 세 가지 뛰어난 점이 있어야 하니, 첫째는 미모요, 둘째는 가무에 능할 것이며, 셋째는 몸가짐이 훌륭해야 하는 것입니다. 오늘 선발한 두 미인은 첫 번째 조건만 갖추었으니, 폐하께서 사람을 보내 그들에게 예의와 가무를 가르치실 필요가 있습니다."

구천이 고개를 끄덕였다. "맞는 말이야. 타고난 미색이 있어도 행동거지가 조잡하면 크게 쓰이기 어렵지. 성 밖에 토성을 하나 지어 그녀들은 특별히 따로 교육을 한 후에 다시 보자고!"

이리하여 서시와 정단은 토성에 배치되어 전문적인 선생들로부터 가무와 궁중예절을 배웠다.

당시의 월나라는 모든 것이 황폐해서 다시 일으켜야 할 때로 경제는 피폐했고, 백성들은 늘 굶주리고 있었으나, 토성에서 훈련을 받는 서시와 정단은 하루 종일 닭, 물고기, 육류 등 고기와 계란을 먹었고, 이 역시 적절히 배합하여 영양을 풍부하게 했다.

토성에 있는 동안 그들은 옷을 빨고 밥을 하거나 농사를 짓는 등 거친 일을 할 필요도 없었다. 몇 달이 지나니 서시와 정단은 피부가 눈과 같이 하얘지고 얼굴은 복숭아꽃과 같아져서 더욱 사람의 간장을 녹이게 되었다.

토성에서 훈련 받는 일은 매우 힘든 일이었으니, 당시 오월지방에서 유행하는 가는 허리를 위해서 서시와 정단은 매일 비단으로 허리를 꽁꽁 동여맸는데, 이렇게 하면 허리가 갈수록 가늘어진다는 것이었다. 매일 머리를 물통에 매달아 목을 길게 빼내어 목도 더욱 길어지게 하였으니, 하루만 지나도 늘 허리가 쓰리고 머리가 아팠으나 서시와 정단은 모두 잘 견디었다.

이런 체력적인 훈련 외에도 두 사람은 매일 독서를 하며 문자를 배웠다. 부차를 더 잘 모시기 위해서 서시와 정단은 오나라 말도 배웠으며, 범려 또한 늘 그들에게 각종 시험을 치게 했다.

서시와 정단은 발분 노력하여 2년이 지나자 드디어 수양과 소질을 갖춘 궁중의 여자가 되었다. 가무에 능하고, 하늘거리는 아름다움이 사람을 혹하게 할 뿐 아니라, 사람을 대하고 물건을 만짐에 있어서도 법도가 있어서 일거수일투족이 그 자태를 뽐내고 있었다.

이때쯤 범려는 두 미인을 구천에게 보낸 다음 말했다. "이제 시이광과 정단은 미와 재색, 예술을 모두 갖추었으니 폐하께서 한번 보시지요."

그래서 구천은 주석을 마련하고 두 미인으로 하여금 가무로 흥을 돋우게 했다. 서시와 정단이 유양悠揚한 악곡 중에 펼치는 가벼운 춤과 부드러운 눈매만으로도 사람을 홀리기에 족하였다. 범려도 깜짝 놀란 것이 오늘 그들의 모습은 평소보다 더 나았으며, 특히 서시는 더욱 그랬다. 서시가 자신의 눈앞에서 사뿐사뿐 춤을 추는 것을 보노라니 범려는 자신도 모르게 어떤 특별한 감정이 생기는 것을 어쩌지 못하였다.

서시와 범려 ─ 한 사람은 국색천향國色天香이며, 한 사람은 재주와 능력이 넘치니 이 한 쌍의 남녀는 진작 마음속으로 정념이 생겼으나 대국적 고려에서 그들은 창호지를 뚫는 데까지 나아가지는 않았던 것이다.*

구천은 서시와 정단에게 매우 만족하며 바로 다음날 친히 이 한 쌍의 미인을 오왕 부차에게 보내기로 결정했다. 범려는 이 말을 듣고 기뻤으나, 저도 모르게 한편으로는 슬픈 감정이 솟아올랐다. 희비가 같이 교차하며 격앙될 줄은 그 자신도 몰랐으며, 서시 또한 그랬다.

서시는 진작부터 지혜롭고 과감한 범려를 존경하고 사모하였으며, 평소 접촉 시 범려의 따뜻한 눈길을 느꼈으나 범려의 마음속을 알 수 없는 데다가 두 사람은 어떤 일이 있어도 그래서는 안 되는 사이였다.

그러나 내일이면 떠나가야 하는 현실에 부딪치자, 식견 있고 담대한 이 여인은 마음으로 사랑하는 사람에게 자신의 속마음을 전하기로 결정하고 범려에게 조용히 서신을 보내 밤에 정원에서 만나자고

---

* 捅破窓戶紙 : 남녀 간의 연애감정을 서로 밝히지 않고 있던 중 남자가 궁금하여 둘 사이의 장벽을 뚫고 들어가 묻는 것을 말하며, 두 사람 사이의 감정을 숨기지 않고 직설적으로 이야기하게 되는 상황을 말한다.

하였다.

이날 달빛은 특히 좋았으며, 범려는 약속한 대로 왔다. 서시는 범려를 보더니, 가볍게 물었다. "범대부 오늘 밤 달은 참으로 둥근데 주의해서 보셨는지요?"

범려는 고개를 들고 보더니 말했다. "그래요! 마치 2년 전 그대를 처음 보던 그날 밤 달과 같구려."

서시는 한숨을 내려 쉬면서 말했다. "2년이 정말 빨리 지났어요. 보름달이 되면 의당 친지들이 모여야 하는데 지금 어떤 사람들은 오히려 헤어질 수밖에 없으니 말이지요."

범려는 듣더니 서시를 바라보면서 말했다. "맞아. 그러나 이광, 당신은 탄식할 필요 없어요. 알아야 할 것은 달이 다시 둥글어지는 때가 온다는 것이오."

서시는 눈물을 머금은 두 눈을 들었다. "그럼 우리가 다시 만날 수 있는 건가요?"

범려가 조용히 그녀를 보았는데 눈빛이 한없이 온화하고 부드러웠다. "있지요. 내 늘 가서 그대를 찾아보리다."

서시는 얼굴을 돌렸다. "범대부께서 지금은 이렇게 말하시지만 시간이 지나면 당신은 아주 빨리 저를 잊을 거예요."

범려는 그녀의 어깨를 가볍게 두드리며 말했다. "그럴 리 없어. 나는 월나라가 오나라를 멸망시키고, 당신이 돌아올 때를 기다릴 거요"

서시는 놀라서 그를 봤다. "정말인가요?"

범려는 고개를 끄덕였다.

"그러나 그때면 나는 이미 순결한 몸이 아닌 걸요." 서시는 손으로 얼굴을 감쌌다.

범려는 가볍게 그녀의 손을 풀고 말했다. "내가 언제 생각 없이 말을 하던가요? 월나라에 아름다운 여자는 너무 많고, 그중 당신이 제일 예쁜 것도 당연하지만 내가 더욱 중요하게 보는 것은 당신의 담량이며 견식과 기개요. 이것은 당신을 다른 여자들과 확연히 달리 보이게 한다오."

서시는 아무 말도 하지 않았다.

범려는 이어서 말했다. "내일부터 당신은 부차의 사람이나, 가는 목적을 절대 잊지 말아야 합니다. 나는 오가 멸망하는 날을 기다려 당신과의 인연을 다시 이어갈거요."

서시 오나라로 가다 | 西施入吳

다음날 서시는 구천을 따라 출발하여 오나라에 도착했다.

구천은 오왕을 보자 바로 꿇어앉아서 말했다. "수년 전 대왕께서 은혜를 베푸시어 제가 처첩을 거느리고 월나라로 돌아가도록 허락하셨습니다. 이 몇 년 동안 제가 대왕을 옆에서 모시지 못하여 심히 괴로웠습니다. 그래서 제가 월나라를 두루 뒤져서 가무에 능한 여자 둘을 찾았는데, 그들로 하여금 저를 대신하여 대왕에게 충성을 다하게 하고자 합니다."

부차는 색을 좋아하는 군주라 미녀를 진상한다는 말을 듣고는 아주 기뻐하여 바로 말했다. "좋지! 그럼 그녀들을 데리고 와서 보여 봐!"

이리하여 서시와 정단이 앞으로 와 말했다. "노비* 시이광, 정단이 대왕을 뵙습니다."

서시의 목소리는 아름답고도 깨끗하고 맑았으니, 부차는 저절로 만면에 웃음을 띠며 말했다. "얼굴을 들어라, 어디 보자꾸나."

부차가 두 여자를 보니 국색천향國色天香이요, 숨결마다 정을 품고 있고, 빼어난 아름다움에 하늘거리는 몸매며 과연 보통의 미인이 아니었다. 부차 자신의 수많은 후궁 중 어느 한 명도 이들과는 견줄 수가 없을 정도였다. 그리하여 부차는 기뻐하며 구천의 이 선물을 받아들였다.

옆에 있던 오자서가 황급히 말했다. "대왕, 잠깐만 기다려주십시오! 예로부터 망국의 임금은 모두가 호색의 무리好色之徒였습니다. 하나라의 걸桀왕은 매희妹喜로 인해 나라를 망쳤으며, 상나라의 주紂왕은 달기妲己만을 총애하고 믿었던 결과 집안이 파탄하고 나라가 망하였으며, 주周의 유幽왕은 포사褒姒의 웃음을 보고자 봉화를 올려서 제후를 희롱하여 나라가 무너지는 결과를 초래했습니다. 화근이 될 미인紅顏禍水은 사람의 심지心智**를 앗아가니, 대왕 세 번은 다시 생각하십시오!"

---

* 奴婢 : 당시 신분이 낮은 사람이 왕 등을 대할 때 스스로를 이렇게 불렀으며, 구천도 오나라에 연금되어 있을 때 오왕을 만나면 이렇게 말했다.
** 마음과 지혜를 말한다.

부차는 서시와 정단 두 미인을 기쁘게 받았는데, 오자서가 나서서 오히려 살풍경하게 하니, 마치 찬물 한 바가지를 뒤집어 쓴 듯하여 내심 매우 불쾌하였다. 그래서 부차가 말했다. "상국은 아직도 그리 근심이 많은가? 두 사람의 유약한 여자가 나를 어찌한단 말인가? 구천이 일편단심 충성하여 미인이 있어도 자신이 차마 즐기지 못하고 나에게 바치는데 그대는 어찌 사람을 나쁘게만 보는가? 그 외에 그대가 방금 그녀들을 포사며, 달기에 비유했는데, 설마 내가 주왕이나 하의 걸왕처럼 흐린 임금이란 말인가?"

오자서는 황급히 꿇어앉았다. "신은 감히 그런 뜻이 아닙니다. 신은 다만 구천이 다른 속셈으로 이 두 미인을 써서 대왕을 미혹迷惑하는 것이 아닌가 걱정하였을 뿐입니다."

부차는 손을 저으며 말했다. "상국은 너무 걱정이 많소. 구천이 일편단심 충성함은 여러 사람이 다 알고 있으니, 오늘 이 두 미인은 내가 받을 것이오. 나라가 망하는지 아닌지는 두고 보시오."

그래서 오왕은 서시와 정단을 후궁에 두고 구천에게는 크게 상을 내렸다.

서시와 정단은 월나라에서 고르고 고른 미녀들로서 타고난 미색에다가 범려의 훈련을 받아 일거수일투족이 우아한 숙녀의 풍모를 갖고 있었다. 부차의 후궁으로 오게 되자 다른 후궁 비빈은 오래지 않아 훨씬 아래로 비교되어 잊혀져 갔다. 부차는 종일 서시와 정단의 침궁에서 지내고 국사에도 점점 흥미를 잃어 갔다.

서시는 정단에 비해서 더 부드럽고 아름다운 데에다 성격도 명랑하고 웃고 말하기를 좋아해서 더욱 부차의 사랑을 받았다. 반면 정단은 상대적으로 조용하며, 내성적이어서 시간이 지남에 따라 부차는 갈수록 사교계의 꽃 같은 서시에게로 마음을 쏟았고 정단에 대해서는 점점 냉담해졌다.

부차는 서시를 총애하여 오자서의 경계의 말을 진작 구름 밖九霄雲外*으로 내팽개쳐 버렸다. 그는 서시를 고소대에 두고, 종일 고소대를 집으로 여기고 지내며, 또 수시로 유람을 나가니, 국사는 아예 그 다음 문제로 방치되었다.

서시는 춤추기를 좋아했는데, 당시 유행은 일종의 향극무響屐舞, 즉 큰 항아리 위에 나무판을 깔고, 무희가 나막신을 신고 춤을 추는 것이었으니, 부차는 서시만을 위해 향극랑響屐廊을 건축했다.

향극랑은 긴 회랑으로 회랑 밑의 땅은 모두 파내고 큰 항아리를 놓았으며, 그 위에 나무판을 깔았었다. 서시가 바로 이 긴 회랑에서 춤을 추면 그녀가 신은 나막신屐이 바닥의 나무판에 부딪쳐서 '두두' 하는 소리를 냈고, 치마에는 작은 소리방울을 달아서 춤출 때 방울 소리와 항아리가 울리는 소리에 나막신이 내는 소리가 '쩡쩡다다' 함께 어우러지니 부차는 취한 듯 실성한 듯 하였다.

서시에 대한 오왕의 총애는 더할 수 없는 지경에 이르렀다.

서시가 아침에 일어날 때, 부차가 친히 그녀의 머리를 빗어주며 말했다. "네 자색이 물에 비치면 물조차 부드럽고 아름답게 변하는 구나."

....

* 인간세상 밖이란 뜻이다.

서시는 선어鮮魚를 좋아했는데, 부차는 사람을 시켜서 고기성魚城을 축조하고 물이 흐리거나 썩을까 염려하여 고기성을 태호에 연결하게 하였으니, 이렇게 하여 서시는 가장 신선한 물고기를 먹을 수 있었다.

또한 서시가 오리고기를 좋아하였으므로 오왕은 오리성을 건설했는데, 지금의 오리 양식장과 비슷한 곳으로 가장 좋은 사료로써 오리를 키우고, 그중 머리가 큰 것만 골라서 왕실 주방으로 보내고, 왕실 주방에서 정성껏 쪄서 서시에게 보냈다.

또 서시가 부드러운 닭고기를 좋아하니 부차는 닭성을 지어서 가장 부드러운 닭을 골라서 서시에게 보냈다.

서시는 여정주女貞酒를 즐겨 마셨는데, 이 술은 절강성 소흥紹興에서만 생산되었으며, 소흥은 오나라 도성으로부터 매우 멀었다. 고대에 교통수단이 발달되지 않아서 술이 도성에 도착할 때면 이미 혼탁해져 있어서 마실 수 없었다. 그래서 오왕은 사람을 소흥으로 보내서 전문적으로 술 빚는 기술을 배워서 오나라로 와서 서시를 위해 이 술을 빚게 하였다.

오월지방에는 물이 많아서 연꽃 또한 많았다. 여름이 되어 연화가 만개할 때만 되면 부차와 서시는 연화가 핀 연못으로 가서 꽃을 감상했다.

어느 여름날 연화가 일찍 피니, 부차는 술자리를 마련하고 서시와 함께 꽃을 감상하는데, 서시가 말했다. "대왕 우리가 연꽃을 감상하기를 여러 해 했는데, 오늘은 좀 분위기를 바꾸지 않으실는지요?"

부차가 물었다 "미인은 또 어떤 의견인지, 개의치 말고 말해 보오."

서시가 말했다. "여기 궁녀들을 작은 배에 태워 노 저으면서 연꽃을 따게 하여 시합을 하면 어떨지요? 두 시진 안에 누가 연꽃을 가장 많이 따는지 보아 그 사람을 승자로 하지요."

부차는 웃으면서 말했다. "정말 좋은 생각이요!"

그리하여 궁녀를 5개 소조로 나누고, 매 조는 4인으로 하여 각각 1척의 작은 배에 타서 연꽃을 따러 가게 했다.

부차와 서시는 큰 배를 타고 한편으로는 술을 마시며 꽃을 감상하고, 한편으로는 궁녀들이 연꽃을 따는 것을 구경했다.

큰 배는 물 위를 천천히 표류했는데, 갑자기 한 송이 큰 연화가 앞으로 다가왔다. 서시는 이를 보고 매우 좋아하며 직접 허리를 숙여 따려 했는데, 누가 알았으랴 술이 지나치게 취하여 다리와 발이 마음대로 안 되었으니, 한순간 방심하여 '풍덩' 하고 물속으로 떨어졌다.

부차가 황급히 궁녀들을 시켜서 서시를 구해 올렸는데 서시는 물을 몇 모금 먹었을 뿐 별일 없었다. 부차는 서시에게 마른 옷을 갈아 입히고, 애정을 담아 말했다. "그대는 물에 빠져 죽을 수가 없어. 만약 그대가 물에 빠져 죽는다면 정말 꽃잎이 떨어져 물을 따라 흘러가는 洛花隨水* 꼴이 되겠지."

서시는 신체가 좋지 않아서 특히 가을, 겨울에는 추위를 많이 탔다. 부차는 이런 서시를 위해 특별히 관와궁館娃宮**을 지었다. 관와궁

---

* 洛花流水의 오기가 아닌가 한다. 洛花流水는 봄날이 쇄락해지는 것을 비유했으나, 오늘날은 전장에서 참패한 것을 이에 비유한다.
** 미인이 머무는 별관 또는 궁이라는 뜻이다.

을 짓느라 부차는 국력을 거의 다 탕진하였는데, 마침내 영암산靈巖山에 축조된 관와궁은 당시 천하제일의 규모였다. 궁안에 금대琴台, 오왕정吳王井, 완화지玩花池, 채향경采香徑, 장주원長州堰 등 놀고 즐길 수많은 경관을 만들어 세웠다.*

가을날 하늘이 높고 공기가 맑을 때면 부차는 서시를 데리고 관와궁에 올라 매일 밤낮으로 노래와 음악을 즐기고, 계속 연회를 베풀었다. 이런 중에도 오나라는 제나라와 싸워 이겼으니, 세력이 약해지기는커녕 점점 더 확대되어 갔다. 이에 부차는 갈수록 오자서의 말을 귓등으로 흘려듣고, 안심하고 서시와 즐겼다.

오자서 죽다 : 伍子胥之死

오왕 부차가 서시의 따뜻한 품에 파묻혀 도취되어 있을 때, 구천은 힘써 군대를 훈련하고, 생산력을 높여 갔다.

그는 월나라에 돌아온 후 안일한 생활이 의지를 약화시킬 것을 두려워하여 식사하는 자리에 쓰디쓴 웅담을 걸어 놓고, 식사 때마다 먼저 그 쓴맛을 보고, "너 회계의 치욕을 잊었느냐?"며 스스로에게

---

* 금대(琴台) : 비파 등을 타는 대.
  오왕정(吳王井) : 오왕의 우물.
  완화지(玩花池) : 꽃을 희롱하는 연못.
  채향경(采香徑) : 향기 따는 오솔길.
  장주원(長州堰) : 긴 언덕.

물었다. 또 그는 자리를 치우고, 장작과 풀로 요를 삼았으니, 이것이 바로 후세의 사람들에게 전해져 인구에 회자되는 "와신상담臥薪嘗膽" 이다.

구천은 나라를 부강하게 만들기로 결심하여 친히 농사를 짓고, 자신의 부인도 스스로 베를 짜게 하여 생산력을 고취했다. 월나라는 오나라에 패한 후 인구가 크게 감소하였으므로 구천은 출산을 장려하는 제도를 실시하고, 범려와 문종을 좌우익으로 삼아 보필하게 하였다.

범려가 구천에게 말했다. "저는 군사를 훈련하고, 전투하는 것은 능하나, 나라를 다스리고 일상 업무를 처리하는 일은 문종만 못합니다."

그래서 구천은 범려의 의견을 채택하여 문종에게 국가대사를 관리하고 생산을 발전시키는 일을 맡기고, 범려에게는 사병 훈련을 책임지도록 했으며, 자신은 마음을 비우고 여러 사람들의 의견을 듣고, 빈한하고 고생하는 백성들을 돌보았다.

오나라 내부에서는 서시가 최대한 내응內應하는 외에도 오나라 대부 백비 또한 항상 월나라를 위해서 좋은 말을 했다. 월나라는 늘 금은보화를 백비에게 보내고, 때로는 미녀까지 보냈으니 백비는 서시 못지않게 월나라를 위해서 온 힘을 다하여 오왕에게 감언하였다.

어느 해 월나라에 가뭄이 심하게 들어 농작물 수확이 크게 줄어, 백성들이 기아에 허덕이고 있었으니 군량미를 비축하여 군사 훈련에 쓴다는 것은 더욱 생각도 할 수 없는 지경이 되었다. 구천은 매우 조급하여 문종을 불러서 상의했다.

문종이 말했다. "대왕께서 걱정하실 필요 없습니다. 올해 일기 불순하여 흉작이 된 것은 표면상 재앙이지만 잘만 처리하면 좋은 일로 바꿀 수도 있습니다."

구천이 말했다. "그대 뜻은 이미 좋은 방안을 갖고 있다는 것이렷다."

문종이 말했다. "성공만 할 수 있다면 좋은 수가 있습니다. 대왕께서는 오나라에게 양식을 빌려서 재난을 해결하십시오. 하늘이 월나라를 돕는다면 오나라는 틀림없이 우리를 도울 것입니다."

구천이 말했다. "일이 이미 이렇게까지 되었으니, 한번 시도해 볼 수밖에 없겠네."

그리하여 구천은 문종으로 하여금 많은 금은보화를 가지고 오나라로 양식을 빌리러 가게 했는데, 동시에 백비에게도 선물을 후하게 준비했다. 만일의 사태를 대비하여 서시에게도 편지를 보내서 필요할 때 그녀가 부차에게 베갯머리송사枕邊風를 하도록 부탁해 두었다.

이때 부차는 여전히 고소대에서 서시와 즐기고 있었으므로, 문종은 고소대로 찾아가 부차를 알현했다. 부차는 문종이 온 뜻을 듣고는 시원스럽게 말했다. "월나라는 이미 오나라에 복속했으니, 월나라가 재난을 당한 것은 바로 오나라가 재난을 당한 것과 같은데 안 도와줄 이유가 어디 있겠느냐?" 하면서 월나라에 빌려 줄 양식을 준비하게 한 것이다.

오자서가 다시 나서서 말했다. "대왕께서는 이미 월나라를 한번 봐주셨는데, 이번에 또 다시 그들을 날뛰게 두는 것은 불가하옵니다. 신이 자세히 관찰해 보건데 그들은 정말로 흉년으로 기아가 든 것이 아니라 오나라의 양식 창고를 텅 비게 하려는 속셈입니다. 월나라에 양식을 빌려 주든, 안 빌려 주든 그들은 관계없이 복종할 것이니, 대왕께서는 그들을 더 봐주실 필요가 없습니다."

부차가 말했다. "구천이 오나라에 잡혀 있을 때 나를 성심으로 공경한 것을 제후들 중에 모르는 사람이 없다. 그를 제 나라로 돌아가 다시 나라를 다스리게 하였으나, 그는 여전히 나에게 충성을 다하며, 내가 병이 났을 때는 직접 찾아와 살펴보고, 매년 좋은 물건을 진상하고 있다. 이런 것들은 그대보다도 나은데, 어찌 그가 배반할 마음을 가진다는 것인가? 나는 도저히 그런 징조를 찾아 볼 수 없다."

오자서가 말했다. "제가 듣기로 월왕은 국민의 부담을 줄이고자 노력하고 있으며 예기를 기르며, 군량미를 비축하고, 군대를 조련한다고 하니, 기실 복수할 마음을 굳힌 것입니다. 대왕께서는 방비하셔야 합니다."

부차가 말했다. "풍문으로 나도는 말이 어찌 사실일 수 있겠는가? 상국은 너무 걱정 말라. 양식을 빌려 주는 일은 그냥 이렇게 하기로 결정했다."

문종도 황급히 말했다. "대왕 걱정하지 마십시오. 풍년이 되면 우리 월나라는 양식을 한 톨도 빼지 않고 돌려 드릴 것입니다." 이리하여 문종은 양식을 가지고 돌아갔다.

다음 해 과연 월나라에 대풍년이 들었는데, 구천은 오나라에 양식을 돌려주기가 싫어서 문종을 불러서 상의했다. "내가 오나라에 양식을 돌려주지 않는다면 다른 사람들이 내 말에 신용이 없다 할 것이나, 적지 않은 수량인지라 오나라에 그 많은 양식을 돌려준다면 월나라 창고의 양식이 크게 줄어 들 것 아닌가?"

문종이 말했다. "대왕께서는 좋은 벼를 골라서 증기로 찐 후에 오나라로 보내시면 됩니다. 만약 오왕이 이 벼들을 종자로 뿌린다면 다음해에 수확을 볼 수 없을 테니 오나라는 한 해에 국력이 크게 약해질 것입니다."

구천은 감탄하며 말했다. "과연 좋은 계책이로다." 그리하여 그는 바로 사람을 시켜서 알이 꽉 찬 좋은 벼를 골라서 증기로 찐 후에 오왕에게 보냈다.

오왕이 보건대 구천이 과연 때 맞춰 양곡을 상환하니 기뻐하며 말했다. "구천은 참으로 신의 있는 사람이야!" 그 외에 월나라에서 보내온 쌀을 보니 알이 꽉 찬 것이 보통의 벼보다는 훨씬 크고 실하므로 대신들에게 말했다. "월나라의 종자가 알이 꽉 차 있으니, 이후 오나라도 이 종자를 뿌리도록 하라."

그리하여 그해 오나라는 모두 월나라에서 보내온 쌀을 종자로 써서 파종했다. 그러나 몇 달 후 곡식은 전혀 수확되지 않았는데, 태평무심한 오왕은 오월吳越이 풍토가 다르기 때문이라고만 여기고, 월나라의 계책이라고는 생각도 못했다. 이 한해 오나라의 국고는 텅 비어버리고, 굶어 죽는 백성들이 수도 없이 많았으니, 오나라의 국력은 한순간에 크게 줄어들었다.

문종의 계책이 또 하나 성공한 것이다.

그러나 오자서는 줄곧 월나라에 대비해야 한다고 부차를 깨우치니,

월나라로서는 최대의 장애이며 구천에게는 정말 골칫거리였다. 마찬가지로 오자서를 싫어하기로는 으뜸인 백비가 있었으니, 그는 줄곧 오자서와 반목하며, 오자서를 낙마시킬 기회를 찾고 있던 터라, 부지불식간에 구천을 크게 돕게 되었다.

당시 제후 중에 초楚나라와 제齊나라가 오나라에 복속하지 않았는데 제나라는 수년 전 오나라에 패한 후 이를 잊지 못하고, 계속 국력을 키우며, 군대를 훈련하고 있었다.

오왕은 이를 매우 걱정하여 다시 제나라를 치기로 결정하였는데, 오자서가 나서서 말했다. "대왕, 지금 제나라를 친다는 것은 때가 좋지 않습니다. 오나라에 반심을 품은 나라가 제나라만도 아니며, 월나라는 신하의 예로 우리 오나라에 복속하고 있으나 오히려 몰래 군대를 훈련하고, 양식을 비축하며, 나아가 미인까지 보내서 대왕을 홀리고 있습니다. 겉으로는 최대한 공경하고 있으나, 그 마음은 헤아리기 어려우니, 지금 월나라야 말로 뱃속의 큰병心腹大患이라 할 것입니다. 그러니 월나라를 먼저 찍어 내는 것이 옳습니다."

백비가 나서서 말했다. "대왕, 오상국은 줄곧 월나라는 심사가 고약하여 가늠할 수 없다고 하지만 제가 보기에 구천의 대왕에 대한 충성은 아첨이나 하는 도적놈이 할 수 있는 류가 절대 아닙니다. 대왕께서도 아직 기억하시지요. 대왕께서 크게 병이 났을 때 구천이 대왕을 찾아뵙고, 직접 대왕의 똥을 맛보고 병세를 판별하지 않았습니까? 제가 비록 대왕을 사랑하지만 이런 행동은 도저히 하지 못하며, 아마 태자도 할 수 없을 것이고, 오상국도 할 수 없을 것입니다." 말을 마치고는 오자서를 슬쩍 쳐다봤다.

오왕도 생각난 듯이 고개를 끄덕였다.

백비는 이어서 말했다. "구천은 체면을 중시하는 사람입니다. 그가 다시 나라를 일으킨다 할지라도 절대로 이런 식의 치욕으로 대왕의 동정을 사려고 하지 않았을 겁니다. 그렇지 않습니까?"

오왕은 고개를 끄덕였다.

오자서가 말했다. "구천은 반심을 버리지 않았으며, 이런 행동을 하는 것도 극히 정상적입니다. 대왕 세 번 더 생각하십시오. 게다가 월나라는 오나라와 이웃하고 있는데, 제나라에 가려면 산을 넘고 강을 건너야 하니 군사들이 제나라에 도착하면 벌써 심히 지쳐 있을 것입니다. 만일 이때 월나라가 허한 틈을 노려서 대거 쳐들어와 오나라를 공격한다면 그 결과는 생각하기도 어렵습니다."

백비는 오히려 말했다. "상국의 이 말씀은 옳지 않습니다. 우리 오나라는 병력이 강하고, 훈련이 잘 되어 있으며, 나아가 장군들이 병력을 거느린 지 여러 해 되어 이런 상황에 대해서는 다 조치를 하게 되어 있습니다. 어디서 그런 뜻밖의 유치한 발상을 하시는지요? 상국은 병력을 끌고 전쟁에 나간 경험이 없으시니 너무 걱정이 많아요!"

오자서는 그래도 강력히 반대하면서 월나라를 치자고 했다.

평소부터 서시와 백비가 하나같이 월나라에 대해서 좋은 말을 하여, 월왕이 오왕에게 진심으로 충성하고 있으며 절대 두 마음이 없다고 줄곧 말한 결과 부차는 이미 월나라에 대해서는 태평무사한 경향이 있어 오자서가 이처럼 자기와 뜻을 같이 하지 않고, 월나라를 치자고 고집하는 것을 보고는 노기를 금하지 못하여 불쾌한 마음으로 일찍 회의를 마쳐 버렸다.

오자서는 성격이 강직하여, 비록 늘 직언으로 오왕을 대하여 오왕이 감당하기 어렵게 하였지만 오왕도 그의 충심과 재능을 알기에 그를 상국에 봉했던 것이다. 백비는 늘 오자서의 재주와 능력을 질투해 왔는데, 이번에 오왕이 오자서에 대해 화난 것을 보고는 이 기회에 오왕과 오자서 사이에 일을 일으키고자 생각하였다.

오자서는 자신의 말이 오왕의 귀에는 들리지 않는 것을 보고 매우 실망했다. 그가 보기에 오왕은 미인을 총애하여 점점 국사를 황폐하게 버려 갔으며, 조정에는 간신이 활개치고, 임금은 좋은 뜻의 간언을 좀체 받아들이지 못하는 것이었다. 그는 이 시기의 국가 정국을 매우 걱정하여 다른 대신에게 가만히 말했다. "지금 오나라는 곧 망할 판이라, 나라꼴이 하나라 걸桀왕, 상나라 주紂왕의 그때와 같으니, 어찌 망하지 않을 수 있겠는가?" 그리고는 매일 병을 빙자하여 조정에 나가지 않으려 했다.

누가 알았으랴, 이 말이 백비의 귀에 흘러들어 갔으니. 백비는 여기에 말을 보태서添油加醋* 부차 앞에서 말했다. "오자서가 몰래 대왕을 하의 걸왕, 상의 주왕에 비하며, 대왕이 그들과 마찬가지로 흐리고 무능무도하다고 여기고, 또 오나라가 대왕 손에 조만간 절단 나고 말 것이라고까지 했습니다."

....

* 添油加醋 : 기름을 치고, 식초를 타다. 즉 말을 부풀리고 꾸민다는 뜻이다.

오왕은 듣더니 매우 화를 냈다.

백비는 다시 말했다. "듣자 하니 오자서는 대왕께서 자신의 간언을 듣지 않는다고 몰래 다른 나라로 도망갈 준비를 한다고 합니다."

부차는 그 말을 듣고서 화가 나 어쩔 줄을 몰라 하던 중에 최근 오자서가 오래도록 조정에 나오지 않은 것에 생각이 미치자, 아마도 도망갈 준비를 하는 것이라고 생각하게 되었다. 이어 오자서가 평소 대신들 앞에서 가리지 않고 직언을 하여 늘 자신을 난처하게 하더니 지금은 뜻밖에도 자신에 대한 충성심을 버리고 다른 사람에게 몸을 의탁해 가려 한다는 데 생각이 미치자, 화가 머리끝까지 나서 사람을 보내 오자서에게 보검을 하사하여 스스로 자결하게 하였다.

오자서가 자살하니, 구천은 이제 오나라를 치는데 최대의 장애를 제거한 셈이 되었다. 안으로는 10년간 경제적, 군사적 준비를 했고, 밖으로는 부차 주변의 대신을 이간질해서 제거한 터라, 구천은 이제 오나라에 대한 총공격을 할 준비를 하였다.

원수를 갚고 설욕한 후 오호에 은거하다
復讐雪恥歸隱五湖

기원전 482년 초여름, 월왕 구천은 오왕 부차가 진晉나라를 공격하느라 출병하여 나라가 텅 빈 틈을 타서 5만 병력을 거느리고, 북해로부터 출발하여 오나라를 기습 공격했다. 오나라 태자가 이 사실을 알

고 출병하여 응전했으나 태자가 연소하고, 군사를 거느리고 전장에
나간 경험이 많지 않아, 범려가 거느린 월군에게 순식간에 전패하여
병력은 흩어졌다. 태자는 긴급히 오왕 부차에게 사람을 보내 보고하
고 구원을 요청했다.

당시 부차는 진나라와 승패를 가늠할 수 없는 전투를 벌이는 중이
었다. 부차는 구천이 오나라를 공격했다는 소식을 듣고는 대경실색大
驚失色하였으나, 병사들이 이 일을 알게 할 수도 없었다. 그리하여 그
다음날 정신을 가다듬어 사기를 진작시켜서 진나라를 일거에 패퇴시
키고, 황급히 군사를 거느리고 오나라로 돌아왔다.

오월 양국군이 오나라 도성에서 다시 전투를 벌이니, 하늘이 흐리
고 땅이 캄캄해지며, 흐르는 피가 강을 이루었다天昏地暗, 流血成河. 오
나라 장병들은 자기 가족들이 모두 습격을 당한 것을 알고는 전의를
상실한 데다가, 막 진나라와 큰 전투를 치르고 황급히 돌아온지라 피
로가 극에 달하여 싸울 힘도 없어졌으니, 어느 순간 군사들의 마음이
흩어져 버렸다.

도성 안에서는 백비가 이미 투항하여 월나라에 몸을 의탁했고, 태
자도 월군에 의해 살해되었다. 부차가 보아하니 이미 형세가 글렀는
지라, 강화를 요청하고자 생각하여 서신을 써서 축 끝에 매단 다음
월나라 진영으로 활을 쏘아 보냈다.

구천은 오나라가 강화를 청하는 서신을 보고는 불쌍한 생각惻隱之心
이 들어 범려와 문종에게 말했다. "뭣하면 부차를 살려 두지!"

범려가 황급히 말했다. "대왕 이 한순간을 위해서 10여 년을 고심

하고 걱정해 왔는데, 어찌 결정적인 순간에 그만 두려 하십니까? 대왕께서는 오나라에서 받은 3년간의 고통을 잊으셨습니까? 또 그 숱한 치욕을 잊으셨습니까?"

구천이 말했다. "그러나 애초에 그가 나를 용서하여 살려 두었으니, 그래도 인의의 마음이 있었던 거라 볼 수 있지 않은가?"

범려가 말했다. "애초에 오나라가 대승을 거두고도 오왕이 그 기회에 승리를 공고하게 하지 않았기에 오늘날 이 꼴을 당하게 된 것입니다. 지금 대왕께서 승기를 타서 추격하지 않고, 저 화근을 남겨 둔다면 이후 월나라에 위협이 될 것입니다."

그리하여 구천은 더 이상 망설이지 않고, 대군을 지휘하여 부차의 군대를 공격하였으며, 부차가 부대를 거느리고 응전했으나, 금세 패색이 짙어졌다.

대세가 이미 기운 것을 본 부차는 눈물을 흘리면서 말했다. "내가 애당초 구천을 죽이지 않은 것은 참으로 큰 실수였어. 더욱이 오자서의 말을 듣지 않고, 그를 죽이기까지 했으니, 지금 후회해도 이미 늦었네."

그리고는 좌우 신하들에게 말했다. "나는 죽으면 그만이지만 구천 지하에서 무슨 면목으로 오자서를 대할꼬?" 그리하여 눈을 가리고 스스로 목숨을 끊었다.

부차가 죽은 다음 구천은 부차를 제후의 예로 후히 장사를 지내주었다. 월나라는 드디어 오나라를 대신하여 패자가 되었다.

월나라 상하가 모두 승리를 축하하며 환호하던 바로 그때, 범려는 종적을 감췄다.

범려는 폐허가 된 고소대에서 서시를 찾았으니, 두 정인情人은 드디어 재회했다. 이때 범려는 35세, 서시는 25세였다.

범려는 서시의 손을 이끌며, 무리의 사람들을 피하여 강변에 다다르니 거기에 작은 배 한척이 기다리고 있었다.

"범대부 지금 우리 어디로 가는 거예요?" 서시가 물었다.

"빨리! 빨리 배를 타요. 내 천천히 말하리다."

두 사람이 자리에 앉기를 기다린 사공에게 범려는 빨리 떠나라고 지시한 다음 가만히 서시에게 말했다. "이광, 당신은 나와 함께 가고 싶소?"

서시는 고개를 끄덕였다. "당연히 그러고 싶지요. 내가 이렇게 오랜 세월 부차를 모신 것은 바로 오늘 이 하루 범대부가 나를 데리러 오기만을 기다렸기 때문인데요!"

범려는 서시를 품에 안고 말했다. "이광, 내가 여러 해 동안 당신을 괴롭게 했구료."

서시는 바로 물었다. "범대부, 아직도 말해 주시지 않았어요. 우리가 지금 어디로 가는 거예요?"

범려가 조용히 말했다. "그 누구도 찾을 수 없는 곳으로 가지."

서시는 입이 딱 벌어졌다. "무슨 말씀 하시는 거예요?"

범려가 이어 말했다. "구천은 이미 패자가 되었지만, 이 사람은 속이 닭창자처럼 좁아서 小肚鷄腸, 그와는 환난을 같이 할 수 있을 뿐, 함께 영화를 누리고 즐길 수는 없소!"

서시도 생각하는 바가 있는 듯이 고개를 끄덕였다.

범려는 다시 말했다. "옛말에 공을 이루었으면 몸은 물러가는 것이라고 했는데 이것이 법칙이니 지금 우리는 떠나야 할 때가 된 것이오."

구천은 범려와 서시가 가버렸다는 소식을 듣고 탄식하며 말했다. "오를 멸할 수 있었던 것은 범려와 서시의 공이 가장 큰데, 지금 오히려 공을 이루고 몸은 떠나니 참으로 애석하구나!"

그리하여 구천은 범려의 동상을 만들어 대전 앞에 세워 두고, 매일 조정에 오를 때 그를 볼 수 있게 했다.

이후 수년간 월나라는 국력이 욱일승천하였으나, 문종은 점점 구천이 변하면서 자신을 냉대하더니 이윽고 생각조차 달라진 것 같이 보이자 그만 매일 병을 핑계되고 조정에 나가지 않았다.

그러자 하루는 구천이 문종의 집에 찾아 왔다. 문종은 황급히 병상에 누웠는데, 구천은 문종의 병상 옆에 앉아서 날씨 등 이런저런 한담을 하더니 말했다. "그대가 전에 나를 위해 오를 멸할 일곱 가지 계책을 마련했는데, 나는 겨우 3개만 써서 오나라를 멸했다. 남은 네 가지 계책은 아직 쓰지 않았는데 어떻게 하면 좋겠는가?"

문종은 구천이 이런 것을 물을 줄은 생각도 못했던지라, 그가 무슨 의도로 이런 말을 하는지, 어떻게 대답해야 할지 몰라서 창황하여 우물쭈물 말했다. "신도 어찌 사용해야 할지 모르겠습니다."

구천은 바로 말했다. "이렇게 하지. 지금 부차는 이미 황천에 갔으니, 뭣하면 그대가 그리로 가서 그에게 남은 네 가지 계책을 마저 쓰도록 하지."

그런 다음 자신의 패도佩刀를 일부러 의자에 흘려 두고, 훌쩍 털고 가 버렸다.

문종은 스스로 목숨을 끊는 외에는 아무런 방도가 없었다. 임종 시 그는 집안사람들에게 말했다. "내 범려의 말을 듣지 않은 것이 후회된다. 지금은 너희들을 두고 떠나는 수밖에 없으니, 내가 한 걸음 먼저 가노라." 범려의 판단은 매우 정확했으니, 대덕에는 보답이 없고, 큰 공에는 상이 없는 법이다大德不報, 大功不賞.

문종이 떠나지 않은 것은 구천이 상을 내릴 것을 바랐기 때문이지만, 문종의 국가사직에 대한 공로는 구천이 어떻게도 보답할 수 없는 것이었다. 월나라를 통째로 그에게 준다 한들 넘치지 않을 것이지만 구천이 이렇게 하지 않을 것 또한 뻔한 일이었다. 구천은 스스로 문종의 적수가 될 수 없음을 잘 알고 있는데, 그가 범려처럼 가버리지도 않으니 선수를 치는 것만이 상수라고 생각하였고, 이리하여 문종이 죽었으니, 이 또한 예상되었던 일이라 할 것이다.

서시의 거취에 관해 또 다른 이야기도 전해지는데, 그것은 범려가 서시를 죽였다는 것이다.

월왕이 오를 멸한 후 그 역시 서시를 옆에 두고 싶어 했는데, 범려가 결연히 반대하여 구천에게 말했다는 것이다. "예부터 미인은 화근인데, 대왕이 설마하니 오왕의 전철을 다시 밟겠다는 것입니까?"

구천은 그 말을 받아들였으나, 여전히 잊지 못하여 3일이 멀다 하고 서시를 찾았다. 범려가 보니 구천이 결심을 못 내리고 있는지라,

사람을 보내 월왕의 마차로 서시를 속이고 데려와서는 태호太湖에서 배에 태웠다. 배가 호수 가운데 이르렀을 때 범려가 서시를 밀어 빠뜨렸으니, 서시는 이리하여 호수에 빠져 죽었다는 것이다.

　서시, 대의를 깊이 이해한 이 빨래하던 여자는 무거운 임무를 띠고 굴욕을 견디며, 몸을 국가에 바칠 것을 승낙하고 오나라에 뽑혀 가서는 자신의 담량과 식견 그리고 미색으로 오왕을 미혹하여 그로 하여금 종일토록 주색에 빠져 정사를 팽개치게 함으로써 무리가 반란을 일으키고, 친지가 그를 떠나게 하였다. 서시와 범려는 안팎으로 호응하며, 오나라의 간신 백비를 이용하여 오왕 부차와 충신 명장 오자서를 이간질하여 결국 오왕이 오자서를 죽이게 만들었으니, 이때부터 오나라는 간신이 횡행하고, 정치가 부패하며, 군사력이 크게 약화되었던 것이다. 그리하여 후에 그녀는 드디어 월나라가 패업을 완성하는 데에 큰 도움이 되었던 것이다.

여후

그녀는 중국 역사상 첫 번째로 중국을 정식으로 집권한 여자이다. 그녀의 전반생(前半生)에 상전벽해의 곡절은 수도 없이 많았으며, 온갖 고난과 어려움을 겪은 데다가 하마터면 남편에게 버림 받을 뻔도 했다. 이런 잔혹한 현실은 그녀를 갈고 닦아서 요지부동의 과감한 성격으로 만들었으며, 현실에 대한 실망은 그녀를 악독한 여자로 만들었다. 그녀는 잔혹한 수단으로 자신의 숙적 척희(戚姬)를 죽였으며, 이 일로 해서 그녀의 냉혹한 이름은 후세에까지 전해지게 되었다. 젊은 날의 여후는 오히려 가정을 지키는 선량한 아가씨였으니, 무엇이 그녀를 여후로 변화시켰는가? 역사는 자고로 후세 사람이 평하는 것이지만, 세월의 연륜을 거슬러 보면 오히려 지나간 일련의 가슴 아픈 사연들을 후세 사람들이 알 길이 없다.

－여후(기원전 224~180)

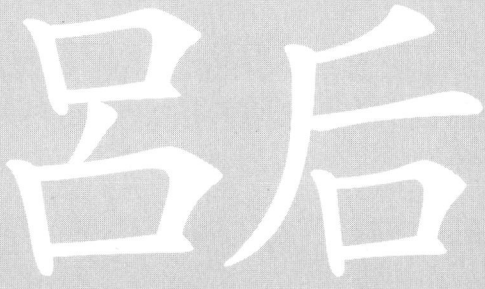

여후
呂后

귀한 집 딸이 잘못 유방에게 시집가다

　下嫁劉邦

　여후는 이름이 여치呂雉로 단부현單父縣 사람이며 부친 여공은 권문 귀족과 널리 교제하여 그 지방에서는 그래도 인물이었다. 여공에게는 두 아들과 두 딸이 있었는데 여치는 그중 장녀였다. 후일 여공은 단부현에서 골치 아픈 사정이 있어 어떤 사람과 원수 간이 되었으며, 여공은 그를 피하여 노소 가솔을 이끌고 단부현으로부터 패현沛縣으로 이사 와서 그곳 현령의 집에 몸을 의탁했다.

　여공 일가는 현령의 좋은 친구가 되었으며, 패현으로 이사 온 후 한동안 요란을 떨었다. 여공은 막 이사 온 때를 이용하여 현지 관리들이며, 토착 세력가들과 교제를 하기로 마음먹고 현령의 집에서 한바탕 주연을 베풀었다. 술자리에 오는 사람으로는 현지의 관리들이나 부자들이 있었으며, 현령 수하의 사람들도 여기에서 사람을 사귈 기회를 찾고 있었다. 그러나 술자리를 찾아오는 사람들이 너무 많아서, 연회의 진행을 책임진 현리 소하蕭何는 부조금禮錢이 천 전 미만인 사람들은 모두 당하에 자리하게 결정했다.

술자리가 반쯤 진행되었을 때 문 밖으로부터 한 사람이 후딱 들어왔다. 그는 보통의 체격이었지만 둥근 얼굴에 귀가 크고, 콧등이 높이 솟았으며, 얼굴은 수염이 많고 고왔는데, 대범하여 얽매이지 않는 기백이 비범함을 풍기고 있었다. 사람이 가까이 오기도 전에 술 냄새가 먼저 풍겨 오니, 이미 한동안 술을 먹은 것 같았다. 돈을 받던 소하가 고개를 들고 보더니 슬쩍 웃었다. 바로 현의 사수정장泗水亭長 유방이 온 것이었다.

유방은 패현 풍읍豐邑 사람으로 평범한 농가에 태어났는데 천성이 책읽기를 싫어하고, 농사 또한 지으려고 하지 않으면서 친구 사귀기만 좋아하였다. 유방은 성정이 호쾌하여, 자신이 하고 싶은 대로 하는지라, 술을 좋아할 뿐 아니라 여자도 좋아하였으며, 늘 술을 마시고 외상을 해서 부친 유태공으로부터 한바탕 야단을 맞곤 했다. 그러나 친구가 많아 그 인연이 닿아서 훗날 유방은 일개 정장이 되었는데 진秦나라 제도상 10정亭이 1향鄕이었으니, 정장이란 것이 하급 지방 관리에 불과하였다. 정장이 된 유방은 여전히 종일 놀면서 허풍이나 떨었으며, 외상값도 갈수록 많아졌다. 장가도 안 갔는데 밖에서 주색으로 생긴 외상값은 줄어드는 법이 없었으니, 어떤 집 부모도 딸을 그에게 주려고 하지 않아서 30세가 넘도록 달랑 붕알 두 쪽뿐인 홀몸이었다.

듣자 하니 현장 집에 좋은 친구감이 왔다는데, 유방이 이 작당하기 좋은 기회를 놓칠 수는 없는 일이었다. 그러나 내세울 것이라고는 빚밖에 없는 유방이 어디 부조할 돈이 있겠는가? 그는 자기도 모르게 난감해졌으니, 돈도 없는데 여공이 어떻게 자신이 누구인지 알겠는가? 이리저리 궁리하던 끝에 아예 일을 저질러 버렸으니, "축의금 1만 전賀儀 一萬錢."이라고 첩자貼子를 써서 들여보냈다.

과연 그의 첩자가 들어가자 많은 사람들이 크게 놀랐다. 1전의 부조금도 이미 큰돈인데, 1만전을 낼 수 있다면 틀림없이 보통 사람이 아닐 것이었다. 소하는 유방과 사이가 좋아서 그에게 그런 많은 돈이 없다는 것을 알고도, 가만히 그를 들여보냈다. 여공은 여전히 친히 손님을 맞이했는데, 유방을 보는 순간 그의 관상을 보고는 전율하였다. "이 사람의 관상은 대단하구나! 높이 솟은 용의 얼굴이며, 하늘의 해와 같은 기상을 지닌 인물이로고!" 그리고는 즉시 그를 당상의 자리로 끌어당겼다.

유방은 얼굴색 하나 변하지 않고 당당하게 방에 들어가 마련된 자리에 앉더니, 방약무인傍若無人하게 이야기꽃을 피우는 것이 자리를 가득 메운 관직이나 재산이 그보다 많아도 한참 많은 손님들을 눈 아래로 두고 있었다.

술을 먹으면서 여공은 이 정장을 자세히 가늠해 보더니 아랫사람을 그에게 보내서 말을 전했다. "손님께서는 술자리가 끝나더라도 바로 가시지 마십시오. 우리 집주인께서 하실 말씀이 있으십니다."

여공은 손님들이 다 가기를 기다린 후 유방을 가까이 불러서 자리를 내주고 좋은 차를 대접하며 말했다. "이 사람은 관상 보는 것을 좋아하여 한평생 많은 사람의 관상을 보았으나, 당신처럼 이렇게 좋은 관상은 처음 본다오."

유방이 황급히 예의를 갖추어 말했다. "과찬이십니다."

여공이 이어서 말했다. "내게 딸이 한 명 있어, 당신에게 시집보냈으면 하는데 당신이 좋아할지 모르겠네."

유방은 놀라 벌어진 입을 다물지 못했다. 그는 그저 변변치 못한 정장일 뿐인데다 행실 또한 좋지 않은데, 놀랍게도 이런 대부호가 딸을 준다니, 무슨 야료가 있는 것이나 아닌지 정말 알 수 없는 일이었다. 그러나 어쨌든 그는 한마디로 승낙했다.

집에 돌아간 다음 유방은 여공 집안의 딸에 대해서 자세히 탐문해 보았는데, 여씨의 큰 딸은 용모와 교양을 함께 갖춘 대갓집 규수라는 것이었다. 유방은 벌어진 입이 귀에 걸려서, 기뻐 날뛰며 여씨 집 큰딸을 맞을 준비를 했다.

여씨 집에서는 여공이 유방을 한번 보고는 바로 딸을 그에게 주기로 해 버렸다는 말을 듣고 부인이 분함을 참지 못해 밥도 넘기지 못하였다. 부인이 유방의 사람됨을 탐문하여 일개 건달에 불과하다는 말을 듣고는 더욱 화가 나서 어쩔 줄을 몰랐다.

그녀는 여공에게 화를 내며 말했다. "당신이 사람 얼굴 한번 보고

딸 아이 일생대사를 결정한다는 것은 경솔하고 황당하다고 할 수밖에 없어요. 그래서 좋은 집에 시집가면 그래도 좋은데, 이 유방이란 자는 허풍이나 치고 싸돌아다니는 가난뱅이에 불과한 데다 주색이나 밝히는 게 몸에 배인 사람이란 말이예요. 당신이 매일 여식에게 너는 이후 반드시 귀인에게 시집갈 수 있을 것이라고 말해서 나는 당신이 무슨 대단한 귀인을 물색할 줄 알았더니 애당초 생각한 것이 이따위 풍류방탕風流浪蕩한 가난뱅이였구려. 그렇게 많은 부잣집 자제들이 청혼해도 당신은 모두 싫어하더니, 어찌 유씨 집 셋째 아들 같은 자를 찍었단 말이요?"

여공은 장부라며 자처하는 것 외에 고집이 있고, 체면을 중시하는 데다가 자신이 옳다고 굳게 믿고 있었다. 이미 말을 내뱉었으니, 어찌 가벼이 다시 바꿀 수 있단 말인가? 그래서 그가 말했다. "아녀자가 뭘 안다는 것이야. 내 이미 결정했으니 당신은 여러 말 하지 마시오."

그런 다음 여공은 또 딸에게 혼사 이야기를 꺼내었는데, 여치는 온순하고 말을 잘 듣는 착한 딸이라 아버지가 자신의 혼사를 정했다는 말을 듣고는 부친이 정한대로 따랐다.

여공은 여치를 유방에게 보내면서 입으로는 유방의 관상이 마음에 들었다고 했지만 사실은 다른 생각이 있었다. 당시는 진나라 말기로 사회모순이 첨예하여 농민들이 끊임없이 봉기하면서 많은 현령을 죽였으니, 패현이 비록 잠시 동안 비교적 안전하다고 해도 바로 내일 무슨 일이 일어날지 누구도 장담할 수 없었다. 형세가 이러하므로 딸을 계급은 낮아도 능력 있고, 발치 넓은 지방 관리에게 시집보내는 것이 현령에게 보내는 것보다 훨씬 나았던 것이다.

그리하여 유방과 여치의 결혼식이 유방의 낡은 초가집에서 서둘러 거행되었다. 결혼 후 여치는 현모양처의 역할을 해냈으니, 대갓집 규수였으나 스스로 밭에 나가 농사를 짓고, 베를 짜며, 아기를 돌보았다. 그야말로 부지런히 일해서 가정을 지키는 주부였던 것이다.

이때의 여치는 분수를 지키는 선량한 대갓집 규수로서 후일의 잔학한 여후와는 전혀 달랐다. 그럼 무엇이 여치를 그렇게 완전히 다른 사람으로 바꾸어 놓았던가? 한 개인의 성격이 형성됨에 있어 두 가지 영향을 받게 되는데 하나는 어린 시절의 가정환경이며, 또 하나는 결혼 이후의 생활환경이니, 여치의 변화는 역시 후일 유방과 함께한 시절에서부터 찾아봐야 할 것이다.

남편을 도우며 아들을 가르치다 | 相夫敎子

여치는 부잣집 아가씨였으나, 고생스럽고, 힘든 일을 잘 참아내는 품성을 갖추었다. 그녀는 매일 아이를 데리고 들에 나가 일하고, 베를 짜며, 밭을 일구었다.

유방은 결혼 후에도 이왕의 악습을 버리지 않고, 매일 공무를 빙자하여 친구들과 어울리고, 자신이 만든 대나무 모자를 쓰고 도처에 한가로이 노닐며, 먹고 마시면서 사흘이 멀다 하고 외박을 했다. 그러니, 베를 짜고 밭을 갈며, 밥을 하고 빨래하며, 부모님을 모시고, 아이들을 키우는 등 일체의 집안일은 오로지 여치 한 사람의 몸뚱아리와 머리를 짜서 하게 되었다. 여치는 점차 대갓집 규수에서 평범한 농촌 아낙으로 변해 갔던 것이다.

그러나 유방은 집안일에 대해 별로 물어보지도 않고, 도와주지 않을 뿐 아니라, 여전히 밖에서 계속 빚을 졌으며, 그중에는 술값이며, 계집질한 빚까지 있었다. 유방에게는 결혼하기 전에 밖에서 낳은 사생아가 있었으니 유비肥라고 했다. 여치는 계모였으나, 유비에게 매우 잘해줬으며, 친아들처럼 보살폈다. 유방과 여치는 결혼 몇 년 만에 일남 일녀를 두었으니, 아들은 유영劉盈으로 후일의 한나라 혜제惠帝이며, 딸은 훗날의 노원魯元공주였다. 자신의 아이를 가졌어도, 여치는 유비에 대한 관심을 흩지 않고, 세 아이를 똑같이 보살폈다. 집안 사람이나 이웃들의 여치에 대한 평판은 매우 좋았으니, 모두들 그녀를 좋은 며느리며, 훌륭한 어머니라고 했다.

하루는 여치가 딸을 데리고 밭에서 일하는데 홀연히 어떤 노인이 나타났다. 노인은 옷차림이 남루하고, 온몸에서 역한 냄새가 났다. 그가 지나는 곳에서는 사람들은 모두 코를 움켜쥐고 피했다.

여치는 노인을 보고 피하지 않을 뿐 아니라 노인을 집에까지 데려가서 물을 주고 밥상을 차려 주었다.

노인은 매우 감격하여, 밥을 먹은 후 여치에게 말했다. "그대는 참으로 좋은 사람이요. 내 또한 밥이라도 공짜로 먹을 수는 없으니 당신의 관상을 보아 드리지요."

노인은 여치를 자세히 보더니 말했다. "당신의 관상은 매우 존귀하니, 이후 반드시 큰 부자요, 높은 귀인이 될 사람입니다."

그런 후 그녀의 아들 유영의 상을 보더니 말했다. "당신의 아들은 더욱 존귀한 사람일 뿐 아니라, 당신은 아들 때문에 귀해질 것입니다."

노인은 다시 그녀의 딸을 보더니, 그녀 또한 귀인의 상이라고 하고는 떠나갔다.

이날 유방은 마침 집에서 잠을 자고 있었는데 여치가 그를 깨워 방금 노인이 한 말을 모두 해주니 듣고서는 말했다. "당신, 왜 나를 안 깨웠어? 나도 그 노인을 찾아서 관상을 좀 보여야겠어."

그리고는 바로 뛰어나가 따라갔는데 몇 리를 가서야 그 노인을 따라잡을 수 있었다. 노인은 유방을 보더니 대경실색하여 머리를 떨구고 바로 가 버렸다. 유방은 노인을 따라가서 물었다. "노인장은 왜 가 버리십니까?"

노인은 말했다. "당신은 내가 본 중 가장 존귀한 사람이요. 당신 집안사람들이 대부대귀大富大貴 할 수 있는 것이 오로지 당신의 운명이 너무 부귀한 데에 그 원인이 있구려."

유방은 듣고는 매우 기뻐하며 집으로 돌아가 갔다.

그러나 노인의 그 말이 바로 유방에게 행운을 가져다주지는 않았다. 한번은 유방이 한 무리의 죄수들을 명에 따라 호송하던 중 섬서陝西의 서안西安 일대에 다다를 무렵 그가 술에 취한 사이 죄수들이 모두 달아나 버렸다. 달리 공무를 보고할 방법이 없었으므로 유방 자신도 집에 돌아갈 생각을 못하고 숨어 버렸는데, 우선은 안휘성 북부의 탕산 일대에서 은둔하게 되었다.

지혜로운 여치는 집안을 혼자 지탱하는 외에도 수시로 멀리 산을 넘고 물을 건너 남편에게 먹을 것, 입을 것을 가져다 주었다. 전하는 말로는 유방이 어디에 숨어 있든 그의 머리 위에는 오색구름이 있어서 여치가 이 오색구름을 따라가면 바로 그를 찾을 수 있었다고 한다.

유방의 유랑생활도 오래가지 않았으니, 바로 천하를 두고 다투는 생애가 시작된 것이었다. 기원전 208년, 진나라 2세 황제는 잔인무도하여, 농민들이 여기저기 대의명분을 걸고 일어났으며, 그중 가장 유명한 것은 진승오광陳勝吳廣의 난이었다. 유방도 이때 외곽에서 일지 인마人馬를 규합하였다.

이때 소하, 조참曺參 등 사람들도 패현 현령에게 의거를 권했다. 유방이 이미 인마를 거느리고 있다는 말을 들은 현령은 여치의 제부妹夫 번쾌樊噲를 보내 유방을 불러들여서 거사를 의논했다.

누가 알았으랴, 유방이 돌아온 후 현령이 다소 후회를 하자 유방은 이를 간파하여 바로 그를 죽여 버리고, 자신이 패현의 백성을 거느리고 진나라 타도를 외치며 거병하였으니, 바로 천하를 다투는 생애가 시작된 것이다. 이후 유방이 진나라에 반기를 들고, 항우를 멸하기까지 여후와는 7년의 세월을 떨어져 지냈다.

이 7년간 집안일은 일체 여치가 감당했으며, 집안에 남자가 없었으므로 여치는 남자 일, 여자 일을 모두 해냈다. 아무런 도움도 없이 외로운 몸으로 여치는 아이들을 돌보고, 집안일을 해야 할 뿐 아니라 노인네 또한 봉양했다. 이 시기에 한 남자가 여치의 생활에 끼어들었으니, 바로 심식기審食其였다. 심식기는 여치의 어릴 적 소꿉친구로 계속 결혼하지 않고 있었으며, 유방이 없을 때 늘 여치를 도와서 아이들을 돌보고, 힘든 일을 해줬다.

여치와 유태공이 항우에게 잡혀 있을 때도 심식기는 여치의 시종이 되어서 줄곧 그 신변을 지켰다. 2년 후 여치가 풀려나서 유방 곁으로 돌아오자, 심식기는 그 공을 인정받아 왕후王侯에 봉해졌다. 후일 여후가 집권하게 되자 심식기는 물을 만난 고기가 되어 만인지상萬人之上*이 되니, 황제조차 그에게는 어느 정도 공대하였다. 조정 상하의 모든 일이 먼저 그의 의견을 들어 본 다음 결정할 수 있었으니, 가히 권력이 일시에 한곳으로 쏠렸다고 할 만했다.

심식기와 여치의 애매한 관계에 대해 유방도 몰랐을 리 없으나, 그 또한 밖에 여자가 한둘이 아닐 뿐 아니라, 집안일 일체를 묻지도 듣지도 않았으니, 뭐라고 말할 입장도 되지 못해서 그저 한눈 찔끔 감고 모르는 척 했다. 유방이 죽은 후에는 혜제가 즉위했다. 한번은 심식기가 죄를 범했는데, 혜제는 평소 심식기가 궁정에서 너무 권세를 누려서 심히 불편해하던 터라, 이 기회에 제대로 다스리기로 생각하여 그를 체포하여 감옥에 넣고, 사형할 준비를 했다. 여후가 이 사실을 알고는 그를 대신해 사정하려 해도 약점이 드러날까 두려워 중간에 사람을 넣어서 혜제가 총애하고 신임하는 태감** 굉유宏孺를 찾아

* 일인지하 만인지상(一人之下 萬人之上), 즉 임금 아래 제일 높은 사람을 뜻한다.
** 태감(太監) : 우두머리급 환관을 이르는 말이다.

가 사정하게 했다.

굉유는 황제의 총애를 받았으나 황제는 태후의 말을 들어야 했기 때문에 태후가 총애하는男寵 심식기가 그들보다 지위가 높았는데 굉유는 이를 심히 불편하게 생각했다. 그래서 그는 나서서 황제에게 사정하려고 하지 않았다.

중간에 선 사람은 주건朱建이라는 사람인데 그는 말했다. "오늘 내가 당신에게 나서서 사정하라고 하는 것은 사실은 심식기를 위해서라기보다는 당신을 생각해서 하는 말이요. 만약 심식기가 죽는다면 당신도 목숨을 부지하기가 어려울 것이야."

굉유는 크게 놀라서 물었다. "무슨 말씀을 하시는 것입니까?"

주건이 말했다. "당신은 황제의 총애를 받고, 심식기는 태후의 총애를 받고 있는데, 일단 황제가 심식기를 죽이고 나면 태후가 보복하려 할 텐데, 그렇다고 황제를 향해 칼을 뽑지는 않을 것이니 틀림없이 황제의 남총을 죽일 것 아니요. 그때 가서 당신의 머리를 어떻게 보전할거요?"

굉유가 듣고 보니 참으로 일리 있는 말이라, 그는 바로 황제에게 가서 심식기를 위해 좋은 말을 하였다. 수일 후 혜제는 그에 설득되어서 심식기의 죄를 용서해 주었다.

결혼 전이나 결혼 후 일정한 시기까지 여후는 분수를 지키는 아주 선량한 여자였다. 결혼 후 그녀는 유방의 사랑이나 보호를 받지 못한 채, 일체의 가사를 감당하면서 차츰 부잣집 아가씨에서 평범한 농촌 아낙으로 전락해 갔다. 유방은 천하를 쟁패하기 시작하면서 집안일에 대해서는 더욱 묻지도 듣지도 않았으며, 7년을 여치와 함께하지 않으면서 아들이며 부친의 모습까지도 가물가물하게 되어갔다.

유방이 밖으로 원정을 가고 전쟁을 할 때도 군막 안에 여인이 떨어지지 않았으니, 박희薄姬, 척희戚姬, 조희曹姬 등이 그의 여인들이었다. 이들은 유방이 고조가 된 다음 모두 유방이 아끼는 비빈이 되었다.

여치는 혼자서 집을 지키면서 외롭고 가난하게 날품을 팔면서 아이들을 끌고 다녔는데, 그녀에게 관심을 갖고, 사랑하고 보살펴 주는 남자가 출현하자 마음이 동했던 것이다.

난세의 처 : 亂世之妻

기원전 206년 유방이 항우項羽와 갈라서기로 하여, 초한 전쟁이 시작되었는데 쌍방은 수수睢水에서 크게 싸웠는데 유방이 대패했다.

초한전이 시작된 후 천하는 크게 어지러웠으며, 여치도 핍박받지 않으려고 노소일가를 거느리고 유랑길에 나섰는데 항우가 유방에게 보복하기 위해서 여치와 유방의 부친 유태공을 잡아 들였는데, 여치의 두 아들, 딸은 요행히 달아났다.

유영과 여동생은 모친과 흩어진 후 참으로 운 좋게 부친 유방을 만났고, 유방이 이들 남매를 구했으나, 멀지 않아 항우군의 추격을 받았다. 하후영夏候嬰이 앞뒤 살피지 않고 목숨을 걸어 마차를 몰아갔지만 추격병과의 거리는 갈수록 가까워졌다. 유방이 보니 마차 위의 사람이 너무 많아 속도가 나지 않으므로 아예 아들과 딸을 마차에서 밀어 냈다.

유영 남매가 울고, 고함치자 하후영이 급히 내려가서 그들을 안아 마차에 올렸다.

유방은 하후영을 노려보더니 유영 남매를 다시 밀어 떨어뜨리자, 하후영은 바로 다시 이들을 안아 올렸다. 이런 상황이 두 번이나 반복되자 유방이 고함치며 화를 냈다. "네, 감히 나의 명령을 어길 것인가? 추격병이 바로 닿을 텐데, 너는 어찌 이 두 아이들 때문에 시간을 지체하는가? 네가 우리를 모두 죽일 셈인가?" 말하면서 다시 두 아이들을 밀어내 버렸다.

하후영도 큰 소리로 맞섰다. "주군은 어찌 이다지도 인정이 없으십니까?" 그런 다음 다시 뛰어내려가 두 아이들을 안아 올리고는 마차를 근처 숲이 우거진 곳으로 몰고 가서 결국 유영 남매의 생명을 구했다.

이때 여치는 항우의 군중에 잡혀 있으면서, 기름에 튀기고 볶여지기를 기다리고 있었으니備受煎熬, 그녀는 아들, 딸과 남편을 걱정하면서 동시에 자기 또한 항우에 의해 피살될까 공포에 떨고 있었다.

기원전 203년 가을, 항우는 유방과 대치하였는데, 유방은 군영에 있으면서도 응전하려 하지 않았다. 항우는 여치를 끌어오게 하고는 가마솥을 내걸었다. 항우가 유방에게 말했다. "유방 잘 봐, 이게 누구야? 네가 다시 나오지 않고 숨기만 하면 나는 네 마누라를 기름 솥에 떨어뜨릴 것이다."

유방은 항우가 여치를 잡았다는 소식을 듣고는 조급했지만, 이때 집안사람을 살폈다가는 패하고 말 것은 의심의 여지가 없었다. 그래서 유방은 마음을 독하게 먹고 사람을 항우에게 보내서 말을 전했다. "잘 알아들었으니 죽이려면 죽이시고, 편한 대로 하시오." 여치는 이 소식을 듣고 오래도록 가슴에 한이 맺혔는데, 항우 또한 멍해졌다. 항우는 다시 생각하기를 자고로 백선百善 중에서도 효가 으뜸이라, 네가 조강지처를 버렸지만 몸을 낳아 준 부모는 그러지 못하리라 여기고, 유태공을 끌어내어 그를 잡고 팽살烹殺하려 했다.

유방은 항우가 자신의 아버지를 끌어냈다는 소리를 듣고는 이를 갈았지만, 겉으로는 무관심한 듯 가장하여 항우에게 말했다. "그대와 나는 일찍이 형제의 정을 나누었으니, 나의 아버지는 곧 그대의 아버지라, 그대 만약 자기 아버지를 삶아 먹을 생각이라면 잊지 말고 나에게도 그렇게 만든 스프 한 그릇 나눠 주게."

유태공이 이 말을 듣고는 그 자리에서 졸도해 버렸고, 항우도 유방이 자기 아버지까지 필요 없다는 자세로 나올 것이라고는 생각하지 못했다.

이때 항우의 부하 항백項伯이 말했다. "유방은 수수대전睢水大戰 이래 병력이 크게 줄었고, 우리는 현재 자기 아버지와 처를 잡고 있습니다. 이때 유방이 배수의 일전을 각오하고 나선다면 승부를 속단하기 쉽지 않습니다. 그러니 너무 급하게 몰지 말고 적당한 시기를 기다려 다시 자웅을 겨루는 것이 좋을 듯합니다."

항우가 보기에도 유방 같은 무뢰한에게는 달리 방법이 없는 듯하여 할 수 없이 항백의 의견을 채택하여 유방과 정전하고 강화를 논의했다.

그리하여 초한은 병력을 철수하고, 홍구鴻溝를 경계로 하여 천하를 양분하였다. 이때가 되어서야 항우도 여치를 유방에게 돌려보냈다. 이때 여치는 이미 초군에 잡혀 있은 지 29개월이 되었던지라, 유방의 곁으로 돌아오게 된 지금 다른 세상에 온 듯한 황홀함에 빠졌다.

그러나 그것도 잠시 뿐 남편에게로 돌아왔으되 여치는 오히려 어디에도 비할 수 없는 쓰라림을 느꼈다. 그녀는 초군에 2년여 간 잡혀 있으면서 매 시각 자신의 남편과 아들, 딸을 걱정했는데 뜻밖에 유방이 뱉은 "잘 알아들었으니 죽이려면 죽이시고, 편한 대로 하시오."라는 그 한마디 말은 그녀의 마음에 깊은 상처를 준 것이다. 결혼 후 지금까지 유방이 남편이며, 아버지의 책임을 다하지 않은 점에 생각이 미치자 여치는 분하고 괴로운 마음을 견딜 수 없었다. 유방의 군영에서 자신의 아들, 딸이 아무 병이나 탈 없이 편하게 있는 것을 보고서야 여치는 유방에 대해서 얼마간 부부의 정분을 되찾을 수 있었다.

여치는 초군 군영에서 인질이 되어 온갖 괴로움과 굴욕을 당한 뒤 유방으로부터 얼음처럼 냉정한 말을 들었으니, 자연히 정신적으로 심각하고 중한 타격을 받게 되었다. 이와 같은 곡절을 겪으면서 여치의 심사는 갈수록 돌처럼 굳어져 갔으며, 남편의 무정함은 그녀를 지독한 사람으로 만들어 그녀는 후일 극히 잔인한 방법으로 유방의 총희 척희를 죽이기에 이른다.

초한의 싸움은 4년간 지속되다가 유방의 승리로 막을 내렸다. 유방이 황제에 오른 후 여치는 순리에 따라 당당하게 황후가 되었다.

한 고조 유방은 여러 해를 외지에서 전쟁을 치렀으나 군막 안에 미인이 없을 때가 없었으니, 이 또한 그가 항우와 다른 점이었다. 유방의 여인 중에는 박희, 척희, 조희 등 여러 사람이 있었다.

척희는 성명이 척의戚懿며 산동땅 정도定陶지방에 있는 한 지주의 딸로서 유방이 초한전이 한창일 때 얻은 여인이다. 척의는 국색천향國色天香으로 가무에 능했으며 나이도 어렸으니 보기에도 여치와는 비교가 안 되었다. 그녀와 유방은 정이 통하고 뜻이 맞으니, 생사를 같이 하기로 맹세한 한 쌍의 꿈에 그리던 원앙이었다. 유방이 서한을 세운 후 비록 여치를 황후로 봉하고, 여치의 아들 유영을 태자로 세웠으나, 가장 사랑하는 여인은 여전히 척희로서 외지로 원정을 갈 때도 척희를 데려갔다.

유방은 여치에 대하여는 냉담하였으니 여치가 항우로부터 석방되어 한의 진영으로 온 후에도 유방은 그녀가 있으나 없으나 하였으며, 여치의 침궁에 가는 일은 아주 적었으니, 여치가 황후라 한들 이름만 황후일 뿐이었다.

여치는 유방에 대해서는 포기한지라 다만 자기 아들 유영에게 자신의 희망을 두고, 그가 자라서 황위를 계승하면 자신은 자식으로 인해 귀한 몸이 되어 천수를 누리리라 생각했다.

그러나 척희 또한 같은 생각을 했으니, 척희는 유방에게 아들 한명을 낳아 주었는데 유여의如意였다. 척희는 유방의 총애를 받고 있었으므로 자연히 자기 아들이 태자가 되기를 바랐다. 그래서 척희는 매일 밤마다 유방의 귀에 대고 유방이 태자를 유여의로 바꾸도록 베갯머리송사를 하였다.

당시 또 한 명의 비가 유방의 아들을 낳았는데, 바로 박희였다. 박희는 소주蘇州 사람으로 사생아이며, 그 어머니가 홀로 키웠다. 박희는 자색이 그렇게 출중한 것은 아니었으며, 우연히 유방의 눈에 들어 한 번 잠자리 시중을 들게 되었을 뿐이었다. 그러나 이 우연한 한 번의 기회에 박희는 뜻밖에 아기를 가지게 되어 그해 바로 아들을 낳았으니, 이름이 유환恒이었다.

그러나 이후, 유방은 다시는 박희를 찾지 않았으니 애당초 유방이 박희로 하여금 잠자리 시중을 들게 한 것은 거의 "하루 한 가지 선을 행한다日行一善."는 것과 같은 것이어서 유방은 금세 그녀를 멀리 구름 밖九霄雲外에 두고 말았으며, 그녀가 아기를 가지고 출산한 후에는 한 번도 보지 않았다. 박희는 비록 유방의 아들을 낳았지만 여전히 오랜 세월을 외로이 등을 지키는 고목나무 꼴이 되어枯守孤燈 온전히 수절과부 신세였다. 그러므로 여치마저도 박희는 신경 쓰지 않았다.

사람이 이미 천자의 귀한 몸이 되어 부귀가 사해에 이르렀으니, 여러 여인의 시봉을 받는 것도 거의 당연한 일이었으며, 여치도 이런 도리는 잘 알았다. 그러나 여치가 참을 수 없었던 것은 유방이 척희를 총애함이 극에 이르러 태자마저 그녀의 아들로 갈아치우려고 한다는 것이었다.

여치는 반평생을 피가 쏟고 살이 튀는 피바람 속血雨腥風을 헤쳐 와 성정이 이미 강철같이 단련되어 있었으니, 다른 사람이 자기 아들의 황태자의 자리를 빼앗는 것을 도저히 용납할 수 없었다. 이리하여 태자위를 쟁탈하기 위한 일장 전쟁이 시작되었다.

태자폐립을 둘러싼 투쟁 : 廢入太子之爭

척희의 아들 유여의는 말이며 행동거지가 유방을 닮아서 유방이 매우 사랑했다. 척희는 또 늘 유방에게 여후의 아들 유영은 유약무능하고 담이 작아서^{怯懦膽小}法懦膽小 태자의 모습이라고는 찾아 볼 수 없다고 속삭여 유방이 유영을 매우 싫어하게 했다. 어느 날 유방은 드디어 척희 모자를 생각하여 유영을 폐하고, 유여의로 하여금 자신의 자리를 이어받도록 하기로 결심했다.

그래서 유방은 우선 기회를 봐서 유여의를 조왕趙王에 봉했다. 원래 조나라의 왕은 장오張敖로서, 유방이 황제를 칭한 후 노원공주를 그에게 시집보내서 그의 왕후로 하게 하려 했다. 그런데 뜻밖에도, 그해 겨울 유방이 흉노 모돈선우冒頓單于와의 전쟁에서 대패하여 그 자신이 흉노에 잡혀서 돌아오지 못하게 되었다. 서한이 막 건국되어 아직 국력이 충실하지 아니한지라 유방은 흉노와 화친하여 적을 동지로 만드는 정책을 쓰기로 결정하고, 노원공주를 흉노에 시집보내기로 했다.

노원공주는 여치의 친생 규수인바, 여치가 어디 그녀를 저 먼 지방으로 보내고자 하겠는가? 그리하여 여치는 유방 몰래 노원공주와 장오의 혼사를 치렀다. 이것은 유방을 심히 난처하게 만들었고, 유방은 이 때문에 돌아온 후 장오를 심히 구박하고 여러 가지로 그를 곤란하게 했다.

장오는 유방을 자기 장인으로 생각하므로 이것저것 따지지 않았으나, 그의 국상國相 관고貫高는 오히려 이를 참지 못하고 유방을 죽이고자 했다.

그러나 기밀이 새는 바람에 계획대로 일이 진행되지 못하였고, 유방은 목숨을 지키게 되었다. 유방은 크게 화나서 여치에게 말했다. "진작 말했지 않았는가? 그놈을 사위로 삼으면 안 된다고!"

그는 조나라의 위아래 대신들을 모두 잡아 감옥에 넣고, 처벌할 준비를 했다. 여치의 간청으로 장오는 생명을 건졌으나, 선평후宣平侯로 강등되었고, 그 좋은 조왕 자리는 유방이 가장 아끼는 아들 ─ 척희의 아들 유여의에게 주어졌다.

척희는 유방의 마음에서 자기가 차지하는 비중이 여치보다 크다는 것을 알고, 바로 그 때문에 천진하게도 자신이 아들을 위해 태자의 자리를 도모하는 것은 손바닥 뒤집기만큼이나 쉬운 일이라고 생각했다. 그러나 그녀가 미처 깨닫지 못한 사실이 있었으니, 정치에 관한 한 그녀는 여치의 적수가 되기에는 턱 없이 모자랐으며 조정의 문무 대신들 또한 늙은 유방처럼 그녀가 마음대로 주무를 수 있는 이들이 아니었다는 것이다.

하루는 조정회의에서 유방이 태자를 바꿔서 유의를 세우자고 말을 꺼냈는데, 바로 대신들의 강력한 반대에 부딪혔다. 유영은 이때 이미 태자가 된지 8년이 넘었었다. 그는 비록 수많은 어려움을 겪었고, 천성이 심약했으나, 대신들에게 매우 예의바르게 대하고, 일을 세심하게 처리하여 유방의 방탕함과는 확연히 달라 여러 사람들의 지지를 받고 있었다. 그러므로 유방이 유영을 태자위에서 폐위시키려 하자 대신들이 하나같이 반대하였던 것이다.

그러나 유방은 나름대로 자신의 논리가 있었으니, 그는 말했다. "영은 비록 연장자로 이미 태자에 봉해졌지만 성정이 유약하고, 자질이 모자라 제왕으로서의 풍모가 없다. 여의는 총명하고, 융통성도 있어 나의 젊은 시절과 같으니 장차 크게 될 것이 분명하다."

이때 어사 주창周昌이 나서서 큰 소리로 유영을 변호하고자 했는데, 그는 말을 더듬는 편이라 사정이 급해지자 그냥 "지지바바" 더듬기만 하는 것이었다. 유방의 질문에 당황하여 그는 말이 나오지 않아 그냥 반복해서 말하기를 "신은 말을 못하지만, 그─그─그 불─불─불가하다는 것은 압니다. 폐하께서 태자를 폐하신다 해도, 신은 그, 그, 그 명을 받들지 못, 못, 못하겠습니다."

주창의 이러한 모습을 보자 유방과 대신들이 참지 못하고 한바탕 웃어 버렸고, 태자를 폐하니, 옹립하느니 한다는 것도 한순간 별일이 아닌 것처럼 분위기가 되어 버렸다. 그래서 유방은 다시 날을 잡아 의논하기로 하고 조정회의의 산회를 선포했다.

조당朝堂 뒤에서 여후는 진작 유방이 태자를 폐하고자 한다는 소식을 듣다가 이 광경을 보고는 안도의 한숨을 내쉬었다. 퇴청 후 그녀는 주창을 찾아가 무릎 꿇고 머리 조아리며 말했다. "고맙습니다, 주

대인. 방금 대인이 극력 도리를 설파하여 다투지 않으셨다면 태자는
이미 폐위되었을 겁니다."

주창은 여후를 일으켜 세운 후 말했다. "보아하니 황제께서는 정말
로 태자를 폐하려고 하시니, 비록 오늘 한 번은 피해 갔으나, 황제께
서는 다시 날을 정해서 이 일을 언급할 것입니다. 황후께서는 빨리
무슨 수를 쓰십시오."

유방은 다시 태자를 폐하고자 고집하지 아니하였는데, 그것은 그도
조정 원로대신 대부분이 유영을 지지한다는 것을 간파한 데다가, 그
들이 모두 서한西漢*의 개국공신이었기 때문이다. 유방은 비록 거친
사람이지만 그래도 이해관계를 잘 아는 사람이라, 이번 일은 잠시 접
어 두고 다른 때에 시기를 봐서 다시 꺼내기로 했다.

오래지 않아 유방은 전쟁 중의 상처가 재발하여 장락궁長樂宮 침상
에서 오래도록 일어나지 못하였다. 이로 인해 척희는 매우 근심하였
는데, 만약 유방이 작고하고 유영이 제위를 계승하여 여후가 태후가
되기라도 하면 자신과 미성년의 아들 유여의는 생명을 보전하기가
극히 어려울 것이 확실했던 것이다. 그래서 그녀는 다시 유방을 찾아
와 울며 하소연했고, 유방은 태자를 폐하는 문제를 다시 꺼냈다. 유
영의 선생 숙손통叔孫通은 이를 알고 강경하게 요구하여 유방을 배알
했다. 숙손통 역시 개국 원로였는데 그는 유방에게 말했다. "폐하께

---

* 한나라 건국 후 기원전 9년 왕망(王莽)에 의하여 망할 때까지를 전한 또는 서한이라 하며, 왕망(王莽)
이 서기 9~23년까지 집권 후 녹림군(綠林軍)에 의해 망한 다음 서기 25년 광무제 유수(光武帝 劉秀)
가 다시 나라를 일으켜 낙양에 도읍하니, 이것이 후한 또는 동한이다.

서 태자를 폐하시려면 먼저 신을 죽여주십시오."

유방은 일이 벌어질 경우 만조백관들이 불만을 일으킬 것임을 알고 황급히 손을 저으며 말했다. "내가 그냥 장난삼아 해본 말이요."

숙손통은 말했다. "태자는 천하의 근본이며, 근본이 한 번 흔들리면 천하가 재앙을 맞게 될 텐데 어떻게 태자를 폐하는 이 중한 일을 말장난으로 할 수 있단 말입니까?"

여치 편에서도 줄곧 방안을 생각하고 있었는데 그녀는 장량張良이 재주가 있고, 모사에 능한 것을 알고 자신의 형제 여택呂澤을 장량에게 보내서 방안을 마련해 달라고 했다. 그러나 장량은 "내가 비록 책략에 능하다고 해도, 태자 문제는 집안 문제여서 외인인 나로서는 관여하기가 곤란하오. 그러니 당신네들이 스스로 수를 찾아보시지요. 나로서는 방법이 없습니다."라고 말했다.

여후는 장량이 도와주려 하지 않는 것을 보고는 계속 조르며 그를 곤란하게 하니, 장량도 시달려 어찌할 수 없는 지경이 되어 곤경을 벗어나고자 한 가지 방안을 내놓으며 말했다. "황제도 복종시키지 못하는 상산4호商山四皓로 하여금 태자를 보좌하게 한다면 황제도 뜻하는 바가 쉽지 않음을 알게 될 것입니다."

원래 유방이 평생 가장 존경하는 네 사람이 있었으니 바로 상산4호였다. 그들 면면을 보면 동원공東園公, 기리계綺里季, 하황공夏黃公 및 각리 선생角里先生 이었다. 유방은 이 사람들을 매우 존경하고, 중시하여 건국 후 바로 이 네 사람을 초빙하여 자신의 책사로 삼으려 했다. 그러나 이 네 사람이 보기에 유방은 아랫사람을 예로 대하려 하지 않고, 사람을 나무라기를 좋아할 뿐 아니라, 책 읽는 사람을 존중하지도 않으므로 나서고 싶지 않다면서 큰 산에 은거하여 지냈다.

여치는 즉시 이 방안을 채택하여 겸손하고 공경스러운 태도로 예를 다하여 상산4호가 하산하도록 요청했다. 네 노인이 보기에 유영은 사람됨이 돈후敦厚하고, 태도에 성의가 있으므로 바로 여치의 요청을 수락하고 하산하여 태자 유영의 빈객이 되었다.

기원전 196년 회남淮南왕 영포英布가 반란을 일으켰는데, 공교롭게도 이때 유방은 병이 나 쾌유하지 못하여 태자로 하여금 군대를 인솔하여 반란을 진압하라 했다. 그러나 이때까지 유영은 전투 경험이 없었다. 상산4호가 여후에게 말했다. "태자는 큰 전투를 한 경험이 전무한데, 영포는 오랜 세월 전장을 누빈 노장입니다. 이번에 원정을 나가서 이기면 당연한 것이 되나, 만약 지기라도 하면 태자위는 바로 빼앗기고 말 것입니다."

여후가 이 말을 듣더니 대경실색하여 황급히 유방을 찾아가 말했다. "태자는 아직 어리고, 장군들은 모두가 삼촌뻘 연배이니, 그가 거느리고 전투에 나간들 여러 사람을 어찌 복종시킬 수 있겠습니까? 황제께서 몸에 병이 있고, 말을 타지 못한다 해도, 그래도 황제가 힘을 다해 이 난을 제압하는 것이 좋으니 전차를 타고 그 안에서 지휘하시지요!"

유방이 듣더니 화가 머리끝까지 나서 나무랐다. "무슨 태자가 조금도 쓸모가 없단 말인가. 늙은 이 몸이 중병에 걸렸어도 친히 전차를 타야 하다니!"

그러나 일이 중대한지라 유방도 친히 출정하는 외에 달리 방법이 없었다.

그 이듬해, 반란은 진압되었고 유방은 장안으로 돌아왔는데 바로 이 일을 구실로 유영을 폐하고자 했다.

형세가 유영에게 갈수록 불리해지고 있던 바로 이때, 여치는 용의주도하게 연회를 마련했다. 태자 뒤에는 상산4호가 서 있었는데, 네 노인의 안광이 형형하고, 학 같은 수염에 아이 같은 얼굴이며鶴髮童顔, 기품이 비범했다.

유방은 상산4호를 본 일이 없었는지라, 태자 뒤에 서 있는 네 명의 노인을 보고 물었다. "그대들은 누구인고? 어찌 한 번도 본 적이 없었던고? 얼른 이름을 대 보게나."

네 사람이 각자 자기 이름을 아뢰니, 유방이 듣고는 대경실색했다. "내가 그대들에게 전부터 여러 해를 청해도 종래 오지 않더니, 지금 어째서 내 아들을 따라다니고 있는가?"

상산4호가 말했다. "폐하의 아들은 인의관후仁義寬厚하고, 예로서 현자와 아랫사람을 대하여 민심이 크게 따르니, 폐하와는 매우 다릅니다. 천하의 사람들이 모두 태자를 위해서 죽기를 바라 마지않으니, 이렇게 좋은 주인을 우리가 어찌 따르지 않겠습니까?"

유방은 자신이 우습게 봤던 유영이 뜻밖에도 자기가 여러 해를 노력해도 초빙하지 못했던 상산4호를 초청했을 뿐 아니라, 그들이 태자를 위해서 이렇게 온몸을 다 바칠 줄은 생각도 못한 일이었으니, 바로 자신이 유영을 과소평가했다고 생각하게 되었다. 보아하니 태자는 참으로 돕는 사람이 많아 만약 태자를 기어이 바꾸려 하면 바로 대혼란이 일어날까 두려울 뿐이었다.

유방은 한참을 아무 말도 하지 않더니, 최후에 딱 한마디 했다.

"그럼, 그대들이 태자를 잘 보호해 주시게."

이때 이후로 유방은 태자를 폐할 생각을 단념했다.

유방은 유영이 황위를 계승한 후 여후가 척희 모자를 어떻게 대할지 잘 알고 걱정하고 있었다. 이때 대신 조요趙堯가 한 방안을 건의했다. 여치와 유영의 은인─말 더듬는 주창 선생으로 하여금 조나라 유여의의 국상을 하게 하면 여치도 틀림없이 주창의 체면을 봐줄 것이라는 것이었다.

유방은 다른 수가 없었으니 이때 이미 몸에 병이 중하여 인간세상에 손을 흔들고 떠날 날 또한 멀지 않았던 것이다. 그리하여 조요의 건의를 받아들여서 주창을 조나라의 재상으로 보내고, 멀지 않아 유한을 남긴 채 인간세상을 떠났다.

결국 태자 폐립을 둘러싼 투쟁은 여후와 유영의 승리로 막을 내린 것이다. 유방은 여치를 너무 잘 알았으니, 그녀는 여러 해 생사의 기로에서 시달리고 단련되어 이미 무섭고 악랄한 정치인으로 변해 있었다. 그리하여 그는 자신이 마음으로부터 사랑하던 척희 모자를 위해 한 가닥 활로를 열어 놓은 것으로 여겼으나, 여후의 악랄함은 그의 상상을 초월하였으니, 그가 생전에 척희 모자를 위해 조치했던 것은 평안의 허상에 불과했던 것이었다.

닭을 죽여서 원숭이를 제어하다 : 殺鷄傲猴

태자의 지위가 공고해지자, 여후는 이어서 자신의 위엄과 명망을 세워 나갔다. 여후가 자신의 위엄을 세움에 있어서 가장 유명한 사건은 바로 한신韓信을 죽인 것이니, 한신의 목을 쳐서 자신의 위엄을 보인 여후를 여러 신하들은 두려워하며 복종하였다.

유방은 건국 초, 여덟 명의 이성 제후를 왕으로 봉했는데 한왕韓王 신信, 조趙왕 장오張敖, 제齊왕 한신韓信,* 양梁왕 팽월彭越, 회남淮南왕 영포英布, 연燕왕 장차臧荼, 연燕왕 노관盧綰및 장사長沙왕 오예吳芮가 그들이다.

한 고조 유방이 황제의 보좌에 오른 후에도 함께 천하를 쟁취했던 이들 공신들은 행동거지가 거칠고, 예의를 갖추지 아니하여 심지어는 술에 취해서 칼춤을 추다가 대전의 기둥마저 칼로 두 동강을 낼 정도여서 황제의 체통이 서지 않았다.

후에 숙손통이 궁중예법을 제정하고서야 비로소 조정에 규범이 있다고 할 수 있었으니, 유방은 감탄하여 "내 오늘에 이르러서야 비로소 황제 같은 기분이 든다."고 말했다.

예법이 대신들의 행동은 규제할 수 있었으나, 이 무리의 왕후들이 반란을 일으키려고 하는 마음은 제어할 수 없어서 한 고조가 엄하게 타격을 가했는데, 그중 으뜸으로 치는 것이 한신을 친 것이다.

----

* 후에 초(楚)왕으로 개칭한다.

유방이 서한을 건립함에 있어서 3인의 가장 중요한 인물을 빼놓을 수 없었으니 장량, 한신, 소하가 그들로서, 역사상 한초3걸漢初 三杰이라고 한다. 군 막사에 앉아서 전세를 요량하여 천리 밖의 전쟁의 승부를 결정짓던 장량은 한왕조 건립 후 바로 반 이상을 은거생활로 보내 더 이상 위협적인 존재가 아니었고, 소하 또한 권력에 애착을 가지는 사람이 아닐 뿐 아니라, 경제를 잘 아는 사람이어서 정권 수립 후 매우 필요한 건설형 인재였다.

다만 병력을 거느리고 숱하게 전쟁을 치르면서 기기묘묘한 전술로 승리를 계속해 온 한신만은 유방이 방심할 수 없는 상대였다. 더구나 한신은 초한 전쟁에서 유방이 가장 위급할 때 그를 핍박하여 왕으로 제수 받았으니 더욱 그러했다.

기원전 202년 한신은 유방에게 서신을 보내서, 자신을 왕으로 봉하는 것처럼 가장해 달라고 했다. 당시 유방은 형양滎陽에서 항우 군에 포위되어 일각이 여삼추로 한신의 구원병이 오기를 기다리고 있었는데 구원군은 오지 않고 한신의 이 서신이 왔으니 분통이 터져 어찌할 줄을 몰라 했다.

장량과 진평陳平이 유방에게 말했다. "지금 형세가 우리 군에게 불리한데 한신의 요구를 들어주지 않으면 그는 밖에서 스스로 왕을 칭하고 일어설 수 있습니다. 그러니 물길 따라 배를 몰아 나간다고順水堆舟, 그에게 왕후의 직함을 줘서 더 많은 군대를 몰아오도록 하시지요."

유방은 장량과 진평의 말을 알아듣고 말했다. "대장부가 사해를 평정할 수 있다면 진짜 왕에도 봉해질 수 있는데 무엇 때문에 가짜 왕에 봉하겠는가?" 그리하여 한신은 바로 제齊왕에 봉해졌고, 병력을 거느리고 와서 유방을 구하여 초미焦眉의 급한 불을 끄고, 후일 유방을 보좌하여 천하의 반을 평정했다.

초한 전쟁이 끝난 후 유방은 바로 한신의 병권을 회수하고, 그를 초楚왕에 봉했다. 이때 한신의 모사가 그에게 간했다. "장군의 신용神勇은 유방을 능가하는데다가, 전란 중 위급할 때 황제를 핍박하여 억지로 상을 받은 전과前科도 있어, 비록 한나라 유방에게 귀부하였으나 황제는 장군을 두려워할 것입니다. 이번에 스스로 일어서 왕이 되지 않는다면 뒷날 장군이 편히 쉴 자리가 어디에 있겠습니까?"

한신은 듣더니 손을 내저으며 말했다. "다시 말하지 말게. 황제가 나에게 대하는 은혜로움이 산같이 무거워, 나로 하여금 그의 마차를 타게 하고, 그의 의복을 입게 하며 그의 밥을 먹게 하였느니라. 옛사람이 말하였으니, 다른 사람의 수레를 탔으면 그를 위해 걱정하여야 할 것이며, 다른 사람의 옷을 입었으면 의당 그의 근심을 함께하여야 할 것이고, 다른 사람의 밥을 먹었으면 그를 위해 목숨을 바쳐야 할 것이다. 내 어찌 눈앞의 이익을 보고 의를 저버릴 수 있겠는가見利忘義?"

그러나 유방에 대한 한신의 충성심에도 불구하고 유방은 한신에 대한 경계심을 해소하지 못했다. 한 고조 6년 누군가 한신이 모반에 가담하였다고 고발하자, 유방은 한신을 초왕에서 회음후淮陰侯로 강등하고, 다시 진평의 계책을 써서 한신을 체포하여 폐위한 뒤 평민으로 만들었다. 그러나 유방은 결코 한신을 죽이지 않았으니, 그것은 일찍이 그가 한신에게 "하늘이 보이는 곳에서는 죽이는 일이 없을 것이며, 땅이 보이는 곳에서도 죽이는 일이 없을 것이며, 철기鐵器가 보이는 곳에서도 죽이는 일이 없을 것이다見天不殺, 見地不殺, 見鐵器不殺."고 약속했기 때문이다.

한신은 거듭 강등되어 매우 불쾌하였는데 후일 뜻밖에도 평민으로까지 떨어지자 진희陳豨와 한바탕 정변을 준비하였으나 기밀이 새어 다른 사람이 이를 고발하여, 이에 유방은 바로 군을 이끌고 진희를 쳤다.

한신은 도성의 궁전에서 힘든 일을 하는 노예, 잡부들을 규합하여 여후와 태자를 공격하려고 했다.

여후는 매우 조급하였으나, 유방이 없었으므로 소하를 찾아가 계책을 물었다.

소하가 말했다. "지금 우리는 한신을 속여서 궁정 안으로 들어오게 해야만 우세를 점할 수 있습니다. 바로 사람을 보내서 황제가 이미 진희를 쳐 없앴기에 지금 궁정에서 문무대신을 불러서 연회를 열어 축하한다고 하시지요."

여후가 말했다. "그럼 바로 그대가 가서 한신을 청해 오시지요."

소하가 곧장 갔는데, 한신은 자기는 병이 있다면서 사양하고 궁정으로 가려 하지 않았다.

소하가 말했다. "이런 중요한 국사에 당신이 가지 않는다면 좋지 않습니다! 그러니 굳이 가는 것이 좋을 것입니다."

한신은 마각을 감추려다 도리어 더 들어날까 걱정하여 가기로 결정했다. 황궁에 도착하자 여후는 바로 한신을 잡아서 죽여 버렸다.*

유방은 여후가 한신을 죽였다는 말을 듣고, 한편으로 기뻐하면서 한편으로 슬퍼했다. 기쁜 점은 여후가 나서서 자신의 마음속 걱정거리를 해치운 것이며, 슬픈 점은 이런 공신이 살해되고 만 것이 애석하지 않을 수 없었던 것이다.

여후의 이 한 수는 확실히 닭을 죽여서 원숭이를 놀라게 한 효과가 있었으니, 여러 제후들은 그녀가 한신 같은 사람까지 능히 죽일 수 있는 것을 보고 두려워하지 않을 수 없게 되었다.

진평의 반란을 평정할 때 전력을 다하지 않으려 했던 제후와 왕에 대해서도 그녀는 극히 무자비한 조치를 취했다. 당시 양왕 팽월은 출병 시 계속 시간을 끌어서 유방의 명령을 받고도 한참이나 지나서 출병했다. 유방은 매우 화가 나서 적당한 구실을 잡아 그를 폐서인하고 사천으로 유배 보냈다.

팽월이 섬서성 화현華縣지방에 이르러 우연히도 여후를 만나게 되자 마치 구세주를 만난 듯이 그녀에게 읍소했다.

여후는 말했다. "그대의 사정을 내 이미 알았으니, 그대는 나와 함께 돌아가자. 내가 황제에게 사정을 말해서 그대에게 가벼운 처분을 내리도록 하지."

팽월은 여후의 말을 믿고 그녀를 따라서 유방에게로 갔다.

여후는 유방을 찾아 말했다. "팽월 같은 인간까지 함부로 풀어 놓

---

* 여후는 한신을 무명 자루에 집어넣어서 하늘과 땅이 안 보이게 하고, 죽창으로 찔러 죽여서 철기를 쓰지도 않았으니, 유방이 한 약속을 지키기 위해서였다.

다니, 이후 그가 황제의 후환이 될 것인데 어찌 그를 폐서인으로 만들어 유배를 보내고 만다는 것입니까? 빨리 죽이세요."

결국 팽월은 주살되고, 그 일족은 멸문의 화를 입었다. 팽월은 먼저 효수되어 그 머리는 군중에 내보여졌고, 이후 살이 벗겨져 육장肉醬으로 만들어졌다. 여후는 그 육장을 각지의 제후들에게 보내고, 사람을 보내서 제후들이 먹어 삼키는 것까지 감시하였으니, 이로써 모든 사람들을 경계한 것이다.

유방은 제후들의 내란을 평정하고 거대한 통일 왕조를 건립하였으나, 이때까지는 제후와 왕들의 세력이 너무 커서 중앙의 권력을 위협하여 정권이 불안정한 형세였다. 그러므로 여후가 제후와 왕들을 토벌한 이런 사건들은 역사 발전의 각도에서 보면 진보적인 의미가 있다고 할 수 있다.

여후 집권하다 : 呂后當政

회남왕 영포가 반란을 일으켰다는 소식이 장안에 전해졌을 때 한 고조는 병중이었다. 그래서 원래 태자를 보내서 토벌하게 하려 했으나 여후가 눈물, 콧물로 애원하는 바람에 어쩔 수 없이 전장에 나가게 되었다.

유방이 병구를 이끌고 출정하여 반란은 신속히 진압했지만 그 또한 불행히도 독화살을 맞아서 상처 부위가 아주 빨리 괴사되면서 병세가 날로 중해져 갔다. 여후가 당시 매우 유명한 의사를 불러서 치료하게 하였지만 병세는 호전되지 않았다.

유방이 보기에 자신이 이미 틀렸으므로 바로 자기 사후의 국가사직을 어찌할지 요량해 보았다.

여후는 야심이 있는데, 현재 고조는 그 명이 조만간 서천西天으로 돌아갈 판이라 이후 황권의 계승문제를 알아보았다. 어느 날, 그녀는 틈을 타서 유방에게 물었다. "폐하의 백년치세 후 승상 소하까지 죽어 버린다면 누가 그를 대신할 수 있을까요?"

유방은 한참 생각하더니 말했다. "조참曹參이라면 괜찮지."

여후가 이어서 물었다. "조참 이후는 누가 그를 잇지요?"

유방이 말했다. "왕릉王陵이 그를 대신할 수 있으나, 진평陳平의 보좌가 필요해. 주발周勃은 태위太衛감으로 괜찮고."

왕릉은 충후정직忠厚正直하나 지략이 다소 부족하고, 진평은 지략이 있으나 혼자서 감당하기에는 부족하므로 두 사람을 함께 써 그 힘을 합치는 것이 가장 낫다는 것이다. 주발은 비록 학문은 없으나, 일처리에 있어서 은인자중隱忍自重하고, 사람됨이 후덕하여 유방이 보기에 유씨 천하를 잘 안정시킬 인물이었던 것이다.

여후가 더 물으려고 했으나, 유방이 이를 귀찮게 여겨 참지 못하고 말했다. "당신이 관여할 일이 아니야."

여후도 감히 다시 더 묻지 못했다.

유방의 병세는 계속 악화되어, 3개월을 시들다가 죽고 말았으니 겨우 향년 63세였다.

유방이 죽자 여후는 바로 자기 나름의 계산을 했다. 속담에 황제가 바뀌면 신하도 바뀐다고 했으니, 비록 유방이 새로운 황제를 위해서 보좌할 대신들을 잘 배치해 두었으나 그중에 여후가 가까이 하고 믿을 사람은 없었으므로 그녀는 이런 대신들을 모두 쫓아내고 자기 세력을 심기로 결정했다. 그녀는 자신의 측근 심식기審食其에게 말했다. "조정의 대장들은 모두 선제의 공신으로 전공이 혁혁한데, 그들로서 어린 황제를 보좌하게 하니, 다들 심적으로 썩 좋은 기분이 아닐 거예요. 어떤 사람은 황제가 어리고, 보좌할 사람들이 약한 것을 기화로 모반을 획책할 수도 있을 것이예요. 내가 보기에는 그 사람들을 한 명, 한 명 제거하여 뒷날의 걱정거리를 없애는 것이 상책인 것 같아요."

심식기는 여후의 말뜻을 알아듣고 곰곰이 생각하더니 말했다. "지금 그리하면 이들 공신들이 반심을 가질 수도 있습니다. 현재 그들의 세력은 아직 매우 큽니다. 병권이 모두 그들 수중에 있는 바, 진평과 관영은 10만 병을 거느리고 형양에 주둔해 있으며, 번쾌樊噲와 주발은 20만 병마를 거느리고 연燕나라를 평정하고 있습니다. 이 시점에서 그들을 제거하는 것은 그렇게 쉬운 일이 아닐 것입니다. 게다가 태후께서 그들을 제거하려 하다가 잘못되어 오히려 그 때문에 그들이 정말로 반심을 갖게 되면 이거야 말로 돌을 들어 자기 발등을 찍는 게 아니고 무엇이겠습니까?"

여후는 이 말을 듣고 오래도록 생각하더니 역시 아직은 시기가 되지 않았다고 생각하여 우선 태자 유영을 황제로 세우니 곧 한 혜제惠

帝이다. 여후는 동시에 유방이 요구한 대로 몇몇 대신을 임명했다.

혜제가 즉위한 후 여후는 아주 당연하게 황태후가 되었다. 혜제는 어릴 때부터 모친과 함께 전란을 겪고, 생사의 기로를 넘었으며, 부친에 의하여 폐위될 뻔 하기도 하는 등 여러 번 겁에 질려 놀라자빠질 뻔한 일을 겪어서 성격이 소심하고 겁이 많았다.

속담에도 어미가 강하면 자식이 약하다고 했거니와 여후가 온갖 고난을 겪으면서 심지가 더욱 굳건해진 반면, 혜제는 비교적 온화하고 순종적이었다. 혜제는 어릴 때부터 어른이 될 때까지 모든 일을 모친이 알아서 처리했고, 특히 태자 폐립에 관하여는 여후가 아들을 위해 큰일을 다 해냈다. 그러므로 혜제가 황제가 된 후 국가대사의 기본적인 것은 모친이 다 맡아 처리했다.

여후는 또 특별한 의도로 혜제의 혼사를 준비했으니, 여씨 일문의 세력을 확대하기 위해 노원공주의 딸을 혜제의 비로 맞은 것이다. 다시 말해서 혜제는 자기 여동생의 딸, 즉 생질을 취한 것이다. 이렇게 하여 이후 황자는 모두 여씨 집안사람들이었다. 그러나 이 황후는 결혼 후 줄곧 아이가 없었다. 그러자 여후는 궁 안의 한 미인이 나은 갓난아기를 안아 와서 혜제의 양자로 삼아 태자로 세우고, 그 미인은 죽여 버렸다.

혜제는 명이 짧아 제위 8년 만에 죽고, 그 사후 양자로 하여금 뒤를 잇게 했으니, 역사상 이를 소제少帝라고 한다. 소제가 즉위할 때 일개 어린애에 불과하였으니, 여후는 다시 극히 당연하게 모든 권력을 장악하여 국사를 전권 처리하였다. 이것이 바로 역사상 '여후칭제

呂后稱帝'의 시대이다.

대권을 장악한 여후는 자신의 복수계획을 실행에 옮기기 시작했다. 이 복수계획의 주요한 대상은 그녀의 연적 척희와 척희의 아들 유여의였다.

여치는 유방에게 시집온 후로 줄곧 근면성실하게 일하며, 분수를 지키고, 유방을 위해 아들, 딸을 키우고, 시부모를 모셨지만 유방으로부터 부부의 정을 얻지 못하였다. 유방은 집안일에 대해서 묻지도 듣지도 않을 뿐만 아니라, 그의 부친과 여치가 유방에게 잡혀서 팽살될 지경에 이르러도 신경 쓰지 않아 그로 인하여 여치의 가슴에 생긴 상처는 못이 되어 박혔다. 그 밖에도 그녀는 유영 남매가 유방에 의하여 마차에서 밀려 떨어져서 항우에게 잡힐 뻔하였다는 말도 들었으니, 그녀의 마음속 깊은 곳에는 유방에 대한 원한이 사무쳐 있었다.

화가 난 것은 화가 난 것일 뿐이고, 다시 유방의 신변으로 돌아온 여치는 닭에 시집가면 닭을 따른다고嫁鷄隨鷄, 그래도 유방이 국사를 처리하도록 계책을 내었다. 그러나 유방은 도리어 척희만을 총애하고, 이미 늙어 시들은 여치는 뒤편으로 밀어내 냉대하였으니, 여치는 자연스럽게 이 여인에 대한 한이 뼈에 사무쳤다.

더욱 분통 터질 일은 이 여인이 놀랍게도 자신이 총애 받고 있음을 기화로 여치 아들의 태자위를 빼앗아 그녀의 후일을 절단해 버리고자 했던 것이었다. 여치는 이미 자신의 모든 희망을 아들에게 걸고 있었으므로 이 여인과는 생사를 걸고 싸워서라도 자기 아들의 태자위를 지키고자 했다. 그리하여 유방과 태자위를 둘러싸고 두 여인은 온갖 투쟁을 벌여 나갔던 것이었다.

여후와 척희의 불화는 이미 오래된 것이나, 이전에는 유방이 척희를 든든하게 지키고 있었으므로 여후는 척희에게 화가 나도 함부로 말을 할 수 없었다敢怒不敢言. 결국 태자 폐립을 둘러싼 쌍방의 투쟁의 결과가 누가 최후의 승자인지를 결정하게 된 것이다.

비록 유방이 붕어함에 앞서 척희 모자에 대한 조치의 일환으로 혜제의 은인인 주창을 조왕 유의의 국상으로 임명했지만, 가슴 가득 원한과 복수심을 안고 있는 여후가 어디 주창의 체면을 봐 줄 사람인가? 그녀는 유방이 죽은 후 바로 척희와 유여의에게 독수를 썼다.

여후의 복수 : 呂后的復仇

여후는 아들의 태자위를 보전하였으니, 이로써 자신의 지위도 안정되었다. 유방이 일찍이 여후가 그 은혜를 잊지 못하는 주창을 조왕 유여의의 상국으로 임명한 것은, 자신이 죽은 후 주창으로 인해 사랑하는 아들 여의의 무사안일이 보장될 수 있기를 바랐기 때문이다.

누가 알았으랴. 유방의 병세가 갈수록 위중해지자 여후는 이제 그는 틀렸다고 보고 그를 억지로 미앙궁未央宮으로부터 자신이 거주하는 장락궁으로 옮겨서 척희로부터 떼어 놓았다.

유방이 죽자 여후는 바로 척희와 조왕 여의에게 검은 손을 뻗쳤다. 그녀는 척희의 두발을 삭발시키고, 두 다리에 쇠고랑을 채워 남루한

옷을 입힌 다음 어둡고 음습한, 다 무너져 가는 집에 그녀를 가두어 두고, 아침부터 저녁까지 쌀을 찧게 하여 그 양이 일정한 수량이 되지 않으면 밥도 주지 않았다.

척희는 황제의 총희로부터 계단 아래 죄수階下囚로 전락했으니, 그 슬픔이 가슴 가득하였다. 그녀는 비록 권문귀족 출신은 아니었으나 어릴 때부터 일을 해 본 적이 없었다. 더욱이 유방에 시집온 후로 천만 사랑을 한 몸에 받으면서 매일 하는 것이라고는 악기를 타며 노래를 부르는 것이 전부였으니, 그 한 쌍의 섬섬옥수로 어찌 돌절구를 감당할 수 있단 말인가?

척희는 여후가 심사가 사납고, 수법이 악랄하여 자신은 결국 어느 날인가 그녀에 의해 죽임을 당하리라는 것을 알았지만, 그녀가 더욱 걱정한 것은 자기 아들 조왕 여의였다. 그러나 여후는 그녀를 밖으로 못 나가게 해서 모자가 오래도록 서로 만나지 못하였으니, 가슴속의 고통을 하소연할 수 없었던 척희는 자신의 마음속 쓰라림을 노래로 불러서 발산할 뿐이었다.

어느 날 척희는 쌀을 빻으면서 다시 아들을 생각하고는 눈물을 뿌리면서 다음과 같이 노래를 불렀다. "아들이 왕이 되었으나, 어미는 갇힌 몸이 되어 초저녁이 되도록 종일토록 쌀을 빻으며, 죽음을 동반하고 있네. 누가 있어 너에게 이 일을 알려 줄꼬?"

누가 알았으랴, 여후가 이 일을 들었으니! 여후는 성질이 머리 끝까지 나서 욕하며 말했다. "천한 것, 네년이 아직도 아들이 와서 구해주길 바라느냐? 내 바로 그놈을 네 앞에서 죽여 줄 것이야. 네년이 그러고도 어떤 생각을 할지 보지." 그리고는 사람을 보내서 조왕 유의를 장안으로 불러들였다.

조왕은 어머니가 당한 처지를 듣고 눈물을 뿌리며 통곡했는데, 이제 다시 여후가 자신을 장안으로 불러올리니 자신에게 흉한 일이 있을 뿐 좋은 일은 없으리라 짐작하고, 상국 주창의 건의를 받아들여 재삼 초청을 거절했다.

여후는 주창이 옆에서 의견을 내놓는 것을 보고는 아예 주창을 먼저 장안으로 불러올렸다. 주창으로서는 명을 받들어 길을 떠나는 외에 다른 방법이 없었다. 주창은 떠나기에 앞서 긴급히 사람을 시켜서 혜제에게 화급하게 한 통의 편지를 보냈다.

혜제는 그 동생 여의와 어릴 때부터 같이 놀고 어울려서 이 동생을 매우 사랑했으므로, 이 사실을 듣고는 자신의 능력을 최대한 발휘해서 그를 보호했다. 혜제는 조왕이 장안에 들어섰다는 말을 듣자, 친히 교외까지 나가서 그를 맞이하여 궁으로 데려갔을 뿐 아니라, 그를 자기 침궁에서 함께 자도록 조치하고, 밥 먹고, 잠자는 것을 모두 함께하여 그림자처럼 떨어지지 않았으니, 여후가 손 쓸 기회가 없었다. 이리하여 여후로서는 여러 달을 보내면서 여의에 대해 손쓸 기회를 잡지 못하였으니, 화가 나서 입술을 깨물고, 이를 갈았지만 방법이 없었다.

기원전 194년 12월 어느 날 새벽, 혜제는 사냥을 하러 나가게 되었다. 그러나 때가 겨울인지라, 여의는 더 자고 싶어서 일어나지 않았기 때문에 혜제는 그를 궁에 남겨 두고 혼자 나갔다.

이때 여후는 잠을 자다가 그녀가 황제 신변에 심어둔 심복이 오는 소리를 듣고, 눈을 크게 뜨고 물었다. "기회가 왔는가?"

심복은 회심의 미소를 지으며 고개를 끄덕였다. "감축 드립니다. 태후마마! 오늘 드디어 천 년에 한 번 오기 힘든 좋은 기회가 왔습니다. 황제께서는 사냥하러 나가시면서, 조왕을 혼자 침궁에서 자게 두었습니다."

여후는 듣더니 크게 기뻐하며 말했다. "과연 좋은 기회로다. 빨리 사람을 보내서 조왕 여의에게 독주를 보내고, 조왕으로 하여금 황제가 돌아오기 전에 다 마시게 해라."

조왕은 사람들이 깨우는 소리에 꿈속에서 깨어나서 보니, 여후가 독주를 보내왔는지라, 절망하여 통곡하며 혜제를 불러 외쳤으나 혜제는 듣지 못하였다. 아무런 수가 없는지라 유여의는 독주를 마셨고, 잠시 후 바로 죽었다.

혜제는 사냥에서 돌아와 여의가 입과 코로 온통 피를 흘리며 뻣뻣하게 굳은 시체가 된 것을 보게 되었다. 그는 이것이 틀림없이 모후가 시킨 것임을 알고, 이후 모친에 대해 큰 불만을 가지게 되었다.

여의가 죽은 다음 여후는 바로 척희에게 가서 그녀의 아들을 독사시킨 일을 자세히 이야기해줬다. 척희는 눈물을 뿌리며 통곡해 마지 않았는데, 여후는 득의양양하게 웃으며 말했다. "너는 강하지 않느냐? 나와 황제의 총애며, 태자의 자리를 두고 다투었다. 그런데 오늘은 왜 하지 못하는 것이지? 선제가 너를 아끼고 어여삐 여기었는데, 오늘 내가 너를 아주 버려 놓을 테니, 네 뭘로 남자들을 유혹할지 보자."

말을 마치자, 여후는 사람을 시켜서 척희의 손과 발을 자르고, 두 눈을 파 낸 다음, 귀를 불로 태워 버리고 다시 벙어리 약을 먹여서 벙어리로 변하게 했으니, 이때 척희는 이미 사람의 모양이 아니었다. 여후는 그런 다음 그녀를 변소간에 버려두었다.

척희는 측간에서 고통을 견디지 못하고, 치욕감이 더하여 슬프게 울부짖으며 굴러 다녔다.

며칠 후 여후는 혜제를 불러서 말했다. "내가 너에게 보여줄 물건이 있다."

혜제는 기이하게 생각하여 물었다. "무슨 물건인지, 우선 말씀해 보시지요."

여후가 말했다. "보면 알 것이야."

혜제는 여후의 뒤를 따라 여러 궁전을 지나서 다 낡은 마당에 다다랐다. 들어가 보니 이상한 소리가 들렸는데, 그게 바로 척희가 울부짖는 소리였다.

혜제가 물었다. "어머니, 이게 무슨 소리지요? 무엇이 이렇게 이상하지요?"

여후가 대답했다. "내가 네게 보여줄 게 바로 이 물건이다." 말을 마치고 그녀는 혜제를 이끌어 한 측간으로 데려갔다. 여기서 혜제는 둥글면서도 여기저기 튀어 나왔으며, 검고, 온몸에 선혈과 분뇨로 떡칠되어 악취가 진동하는 물건을 보았는데, 조금 전 그 소리는 바로 이 물건이 내는 처참한 울음소리였다.

혜제는 자기도 모르게 코를 싸쥐고 여후에게 물었다. "모후, 이게 대체 무슨 물건입니까? 돼지인 것도 같고 아닌 것도 같네."

여후는 하하 크게 웃으며 말했다. "네 말이 맞다. 이 물건은 돼지와 매우 닮았는데, 사람돼지人彘라 부르지."

여후는 이어서 말했다. "이 사람돼지가 누군지 알겠느냐?"

혜제는 대경실색했다. "뭐라고요? 이게 사람이라고요?"

여후는 웃으며 말했다. "맞아, 이게 바로 척희다."

혜제는 대경실색하여 돌아가 한바탕 대성통곡하더니, 1년여 동안 병을 앓았다. 그는 병석에서 여후에게 말했다. "사람을 괴롭히자고 이런 모양을 만들다니 그게 어디 사람의 짓입니까? 내가 어머니의 아들이 되어서 이 나라를 다스릴 면목이 없어요." 이때부터 혜제는 매일 술에 의탁하여 수심에 젖고, 조정을 돌보지 않다가 제위 8년에 억눌리고 답답한 심정을 안고 죽었다.

혜제가 죽자 여후는 모양새 좋게 한바탕 울어 젖혔다. 이때 장량의 아들 장벽강張辟彊이 승상 진평에게 말했다. "태후가 혜제의 죽음을 슬퍼하여 곡하지만 기실은 자신의 입장을 생각하여 우는 겁니다. 그녀는 여러분 공신들을 두려워하고 있으니, 만약 승상께서 태후의 아들이며 조카들로 하여금 대권을 장악하도록 상신하면 태후도 권력이 밖으로 새어 나가지 않는다고 안심할 것이며, 그렇게 하면 당신네 대신들도 위험할 일이 없을 겁니다."

진평은 그의 의견을 따랐다.

여후는 줄곧 자신의 여씨 일족을 심으려고 했으나 아무런 구실이 없었는데, 진평이 나서서 그녀의 조카며 아들에게 벼슬을 내려 주자고 건의하니 저도 모르게 찌푸린 이마를 펴고 눈웃음을 쳤다.

그러나 여후가 여씨 집안사람들을 제후왕으로 봉하려면 곤란한 점이 있으니, 유방이 일찍이 세상을 떠 버리기 전에 대신들과 맺은 소위 백마의 맹약白馬之盟*이라는 것이었다.

여후는 바로 우승상 왕릉王陵에게 물었다. "내가 여씨 사람을 왕으로 봉하고자 하는데, 승상이 보기에 괜찮은지요?"

왕릉이 말했다. "이건 절대 안됩니다. 애초에 선제께서 백마의 맹약을 맺었는데, 그에 따르면 유씨 성 자손이 아니면 왕으로 봉할 수 없다는 것입니다."

여후는 매우 실망하여 불편한 얼굴을 하고 진평과 주발을 찾아가 물었다.

진평과 주발은 여후의 속내를 알고 있었으므로 바로 말했다. "지금 천하는 선제께서 이루신 것으로 그의 형제와 후대가 모두 왕으로 봉해져 있습니다. 그러나 지금에 있어서 천하는 다시 돌아 태후의 수중에 있으니, 태후께서 왕을 몇 명 봉한다고 해서 무슨 상관이겠습니까. 하물며 태후께서는 선제의 조강지처이시니, 태후께서 몇 명의 왕후를 봉하려 하신다면 선제께서도 동의하시리라 봅니다."

여후가 듣고 나니 저도 모르게 위로가 되고 즐거워져서 분함을 풀

----

* 유방이 건국 후 초한 쟁패시 봉했던 행월, 영토, 한신 등 이성 왕후를 모두 제거하고 모두 유씨로 봉했으나, 이후 여후의 세력이 커짐에 따라, 만년에 여러 유씨 제후들과 백마를 잡아 그 피를 입에 바르며 "유씨가 아니면 왕이 될 수 없다非劉不王"고 한 맹약.

고 웃음 띤 얼굴을 하였다.

오래지 않아 여후는 왕릉을 우승상에서 면직하고, 그를 소황제의 스승으로 임명했다. 왕릉은 분함을 이기지 못하고, 자신은 몸이 아파서 일찍 퇴직하고 고향으로 돌아가 몸을 돌봐야겠다면서 떠났다.

왕릉이 떠나자, 여후는 진평과 자신의 측근 심식기를 좌, 우승상으로 임명하고, 그런 다음 많은 여씨 집안 자제들에게 벼슬을 내렸으니, 여태台는 여呂왕으로 봉해져 제남군濟南郡을 그의 봉토로 하였으며, 여록祿은 조趙왕에 봉해지고, 여태의 아들 여통通은 연燕왕이 되었다.

여후는 여씨 세력을 힘들여 심는 동시에 유씨 자손들을 배제하고 타격을 가했다. 여치가 유방과 결혼하기 전에 유방이 밖에서 낳은 사생아가 한명 있었는데 유비肥라 했다. 혜제가 즉위한 뒤 이 이복형은 제齊왕에 봉해졌다. 유비는 여치가 낳지는 않았으나, 여치의 손에서 자랐으므로 모자 간의 정이 깊다고 할 수 있었다. 그럼에도 불구하고 여치는 유씨 사람들을 배척하기 위해서는 이 아들에게 독수를 쓰는 것도 마다하지 않았다.

기원전 193년 10월 유비는 입조하여 모친과 동생을 알현했다.

어느 날 밤에 여후는 유비와 혜제를 불러서 술을 마셨다. 혜제는 이때 예법에 구애될 필요가 없다고 생각하여 유비에게 말했다. "내가 비록 황제지만 형이 나보다 몇 살 많으니 상석에 앉는 것이 맞습니다."

그리하여 유비는 별 뜻 없이 상석에 앉았다.

그러나 이는 여후를 매우 불쾌하게 하였다. 그녀는 생각했다. "유비가 이렇게 형 노릇을 하려 하는 것은 이후 혜제에게 좋지 않아. 모반하여 제위를 찬탈하려 할 수도 있으니 말이야." 그리하여 여후는 사람을 시켜 유비의 술잔에 몰래 독약을 타고, 유비를 제거할 준비를 했다.

그러나 누가 알았으랴, 혜제가 유비에게 술을 권하면서 뜻밖에도 잘못하여 유비의 잔을 들었으니. 이를 본 여후는 황급히 혜제의 잔을 깨뜨려 버렸다.

혜제와 유비가 매우 이상하게 여기어 물었다. "어머님, 무슨 일이십니까?"

여후는 우물쭈물 대답을 못하다가, 억지로 몸이 불편하다고 말하고는 먼저 돌아가 휴식을 취했다.

유비가 숙소로 돌아간 후 그의 좌우 사람들이 그에게 일의 내막을 설명해 주었다. 유비는 여후가 뜻밖에 자신을 죽이려 한다는 것을 알고는 크게 놀라고 걱정하여 종일 문밖을 나가지 못했다. 그러자 여후는 야밤에 유비를 찔러 죽이기 위해 양상주梁上柱를 보냈다. 양상주는 여후의 조카 여산産의 집안 일꾼이었는데, 비록 명을 받들어 유비를 죽이러 갔지만 차마 죽이지 못하여 일부러 큰 소리를 내어 유비가 놀라 깨게 하였다.

유비는 복면자객을 보고는 바로 고함을 질러 사람을 불러서 양상주의 복면을 벗겼다. 양상주는 유비에게 말했다. "소인은 양상주라 하며 태후의 뜻을 받들어 대왕의 수급을 취하려 왔으나, 차마 손을 쓰지 못하였습니다. 그런데 소신이 몇 말씀 드리고자 합니다."

유비가 물었다. "무슨 말을 하려는가?"

양상주가 말했다. "지금 태후께서 대왕을 노리고 온갖 방법으로 손을 보려 하십니다. 대왕께서 이번에 경성에 온 것은 흉한 일이 많을 뿐 길한 일은 적으며凶多吉少, 요행히 경성을 벗어난다 할지라도 이후 평안하기가 쉽지 않습니다."

유비는 입을 다물고 아무 말도 하지 않았다.

양상주가 이어서 말했다. "지금 제가 대왕을 위해 한 가지 말씀 드리자면, 대왕께서 가진 봉토가 7군 70여성인데 그중 일부를 노원공주에게 바침이 어떠실지요? 노원공주는 태후의 유일한 딸로서 더할 수 없는 사랑을 받고 있는데, 대왕께서 이와 같이 하신다면 태후가 틀림없이 기뻐할 것이며, 대왕도 이후 두려워할 후환이 없을 것입니다. 그리하여 대왕께서 옥체를 보존하십시오."

말을 마친 다음 양상주는 칼을 빼어 자신의 목을 그었다.

유비는 양상주의 호기豪氣에 감동하여 심사숙고한 후 그의 계책을 받아들여서 성양군城陽郡을 노원공주에게 선사했다. 이 한 수는 과연 효과가 있어서 여후는 여러 생각을 걷고 유비를 제나라로 돌아가게 놓아 주었다.

여후의 죽음 : 呂后之死

여후는 15년간 나라를 통치하였는데 훗날 중병을 얻었지만 여전히 권력을 놓으려 하지 않았다. 이때에 이르러 유씨 자제들과 일반 원로 중신들은 이미 그녀의 집권을 더는 참을 수 없어, 유장劉章, 주발, 지평 등이 분분히 병란을 일으키니 여후로서는 애초에 생각도 못한 일이었다.

여씨 집안사람들이 중병重兵을 장악하고 있으나 모두들 감히 반격하지 못하였고, 여후는 이미 병이 깊어 고황膏肓*에 들은 데다 다시 이런 일로 놀라니 얼마 되지 않아 죽고 말았다.

어떤 사람들은 여치가 거세고 강단 있고, 수단이 잔혹한 여자라고 여기지만 이것은 후일의 여후라고 생각된다. 여치의 지나온 길을 볼 때 그녀 또한 처음에는 일개 선하고 단순한 여자였다는 점을 알 수 있다.

여치는 유방이 지체 없고 빈곤할 때 그에게 시집가서 처가 되어 부잣집 규수의 신분이었으나 기꺼이 농촌 아낙이 되어 허랑방탕한 유방을 따라다니며 친신만고千辛萬苦를 겪은 데다가 하마터면 적군의 손아귀에서 죽을 뻔 하기까지 했었다. 유방이 천하를 얻은 다음에도 여치는 그를 위해 나라를 다스리고 사람을 부리는 계책을 내었으니, 유방이 천하를 아우르고, 안정시킨 데는 여치의 공로가 매우 컸으며, 이는 앉아서 이루어진 것을 즐기는 일반의 부인네들과는 비교조차 할 수 없는 일이라고 말할 수 있다.

그러나 황제가 된 유방은 도리어 첩을 사랑하고 조강지처인 여치

---

* 고대 의학상 심장 끝 부분의 지방을 고라 하고, 심장과 격막 사이를 황이라 하였는데, 이는 약의 힘이 닿을 수 없는 곳이다. 병이 이에 이르렀다면 치료가 불가능한 상태임을 뜻한다.

를 냉대했었다. 여치가 더더욱 참을 수 없었던 것은 총첩이 유방의 힘을 빌려 그녀 아들의 태자위를 빼앗으려 하였다는 것이다. 여치는 온갖 수를 다 해서 겨우 태자의 자리를 지켰다.

여후의 집정 기간 동안 백성을 편하게 안정시켜 국력을 회복시키는 정책休養生息的 政策이 진일보 추진될 수 있었다. 여후는 소하, 조참, 왕릉, 진평, 주발 등 개국공신을 중용하라는 유방의 인사상 배치를 그대로 지켰다. 이 대신들은 모두 유방의 민생 안정을 제일로 하는 위 정책을 추진하여 세 부담을 줄이고, 상공업 자유화 정책을 실행하였다. 여후가 통치하는 기간 동안 정치, 법제, 경제며 사상, 문화 어느 방면 할 것 없이 모든 영역에서 큰 발전을 이루었으니, 이는 후일의 '문경의치文景之治'*를 위한 건실한 기초를 다진 것이었다.

유방이 죽은 후 흉노의 모돈선우冒頓單于가 이 기회를 틈타 여후를 욕보인 일이 있었다. 즉 여후에게 구혼하면서 "당신은 남편이 죽었고, 나는 처자가 죽었으니, 차라리 우리 둘이 결혼하여 연합하는 것이 유무상통하고 좋을 것이다."라고 한 것이다.

여후는 듣고 화가 머리 끝까지 났지만 분을 가라앉히고, 계포季布의 건의를 받아들여서 평온한 마음, 웃는 얼굴로 모돈선우에게 답장을 보냈다. "나는 이미 늙고 쇠약하여 이빨까지 빠지고 있고, 걷기조차 불편하여 산을 넘고 물을 건너 흉노지방까지 갈 수 없을 것 같소."

---

* 한나라 문제, 경제 연간의 태평성세를 말한다. 중국 역사상 최전성기로 문경의 치, 정관의 치(당 태종 연간), 강건성세(청조 강희, 옹정, 건륭 연간) 셋을 꼽으며, 이때의 황제들은 모두 근검절약하고 백성을 안정시키는데 힘을 써 경제를 발전시켰다.

그런 다음 흉노에 수레와 말을 선물로 보내면서 완곡하게 거절하여, 결국 전쟁의 위험이 화친和親으로 변하게 했다. 흉노도 스스로 실례하였음을 부끄러이 생각하여 뒤에는 사자를 한나라로 보내 잘못을 인정했다.

여치의 일생은 결코 행복하지 못했으니, 그녀는 남편의 사랑과 보호를 받지 못했고, 여러 번 경악할만한, 시련을 꿋꿋이 견디면서 냉혹하고 잔인하게 변해 갔던 것이다. 이리하여 정권을 잡은 후 그녀는 더욱 손가락질 받을 만한 수법으로 자신의 숙적을 처치하도록 명령한 것이다. 여치의 성격은 동란 속을 헤쳐 온 인생역정과 현실에 대한 실망으로부터 비롯된 것이며, 따라서 그녀에 대한 평가도 역사적인 안목에서 변증법적으로 보아야 할 것이다.

왕소군

그녀는 용모나 행동거지며, 재주가 뛰어난 절세의 미인으로, 광채가 사람을 비추고 짙은 두 줄기 눈썹에는 깊은 한이 보일듯 말듯 스며있으니, 사람들로 하여금 사랑스러우면서도 가련한 정이 들게 하였다.

또한 사람됨이 정직하고 아첨을 싫어하여 이 때문에 황제를 볼 기회조차 얻지 못했다. 그럼에도 그녀는 평범한 여자이기를 거부하여 스스로 원하여 흉노에 시집가서 흉노의 두 군주로부터 지극한 사랑을 받았다. 그녀는 그 아름다운 용모와 기구한 인생역정으로 인하여 뭇사람들에게 천고에 노래로 전해지게 되었다.

－왕소군(출생 및 사망 시기 불명)

왕소군
王昭君

흉노로부터 온 사위 ┊ 來自匈奴的女婿

서한 초, 북방 흉노의 세력이 매우 커서 한나라 조정은 화친해서 상호 우호관계를 유지하는 정책을 채택하기 시작했다.

첫 번째 화친은 한 고조 유방 때의 일이었다. 당시 흉노는 누차 서한의 변경지방을 습격했는데 서한은 막 건립한 때라 전란을 겪은 중원이 아직 매우 쇠약하여 인구는 희소하고, 경제는 활기가 없었다. 그래서 당시의 대신 누경婁敬은 흉노와 화친을 맺어 우호적으로 지내는 정책을 건의했다.

그러나 먼저 나서서 화친을 추구한다는 것은 먼저 상대방에게 호의를 보이는 것으로 상대방이 주도권을 쥐게 됨을 뜻하니, 일시적으로 화평할 수 있을지라도 어느 날 쌍방 간에 일이 생긴다면 화친을 맺으러 가는 사람이 제일 먼저 희생될 것이었다. 여후는 자신의 딸을 끔찍이 사랑하였으므로 멀리 흉노로 시집보내고 싶어 하지 않았고, 이리하여 화친을 맺는 일은 계속 연기되었다.

그러나 흉노는 화친을 맺자는 이 일을 잊지 않았다. 한 고조 유방이 죽은 후 권력은 여후가 장악했다. 당시 흉노의 왕 모돈선우冒頓單于*는 한나라에 주인이 되는 남자가 없음을 보고, 다시 화친을 맺자고 제의했다.

모돈선우는 사신을 보내 화친을 맺자는 일을 꺼냈는데, 여후는 아직도 차마 딸을 보내지 못해 아무런 대답도 하지 않았다. 사자는 진작 이러리라 예상하고 있었으므로, 다음과 같이 말했다. "우리 왕께서는 사실 태후와 혼인하고자 하십니다. 모돈선우께서 보시기에 고조가 세상을 떠난 후 당신은 혼자서 외로이 지내는 데다가 돌봐 줄 이 없는 과부의 신세라 우리나라로 가서 모돈선우와 함께 천수를 누리며 여생을 즐기시면 좋겠다는 것입니다. 지금 태후께서는 한나라의 여왕이며, 모돈선우께서는 흉노를 장악하고 계시니, 이 또한 서로 간격이 맞지 않습니까?" 하며 말을 마치고는 웃어 젖혔다.

여후는 격분하여 얼굴이 파랗게 질렸다. 그녀가 생각하기를 자신이 비록 유방을 따라다니면서 천신만고를 다 겪었지만 이런 모욕은 받은 바 없으므로 대갈일성하며 한마디 했다. "네놈이 어디라고 헛소

---

* 선우(單于) : 흉노의 왕을 말한다.

리를 하며, 우리 한족을 능멸하느냐? 내가 너를 용서하리라 생각하는 가?" 말을 마치고는 바로 옆에서 시종하는 사람들을 시켜서 사자 일행을 끌어내 죽이려고 했다.

그러나 누가 알았으랴. 이 사자는 뜻밖에 큰소리를 치는 것이었다. "당신이 나를 죽이는 것은 간단하지만, 모돈선우께서는 이미 10만 대군을 준비하여 변경에서 때를 기다리고 있소이다. 우리가 돌아가지 않는다면 그는 바로 쳐들어 올 것이니, 태후께서는 잘 생각하시지요."

그리하여 여후는 대신을 불러서 이 문제를 상의했다. "흉노가 내가 화친을 원치 않는 것을 보고 뜻밖에 나를 능멸하고 있으니, 정말 치가 떨리누나."

대신은 여후를 위로하며 말했다. "태후께서는 고정하십시오. 흉노는 태후께서 공주를 흉노로 시집보내려 하지 않으심을 알고, 고의로 이렇게 화를 돋우는 것입니다. 태후께서 정말로 노하신다면 바로 그들의 계책에 빠져드는 것이 되지 않겠습니까? 지금 그래도 제일 요긴한 것은 문제를 해결할 방도를 찾는 것입니다."

여후는 고개를 끄덕였다.

대신은 이어서 말했다. "흉노는 자기들에게 공주를 시집보내 달라는 것이니, 태후께서 공주를 하나 골라 보내시면 되지 않겠습니까? 어쨌든 그들은 공주가 어떻게 생겼는지 모를테니까요."

여후는 눈을 반짝이며 물었다. "그럼 경의 뜻은……."

그 대신도 회심의 미소를 지으며 고개를 끄덕였다.

그리하여 여후는 한나라 유씨 종실에서 딸자식을 한 명 골라서 공주로 가장하여 흉노에 화친의 사신으로 보냈다. 이 가짜 공주의 신분에 대해서는 아무도 말하지 않았으며, 이로써 한조와 흉노는 줄곧 평화롭게 지내 왔다.

그때부터 한족과 소수민족의 화친은 시작되었다. 한조가 화친의 명목으로 보내는 여자는 명목상은 공주이나, 사실은 종실의 왕후王侯 집안에서 충당해 왔다. 황제는 자신의 친생 여식을 차마 보내지 못해서 질녀, 외질녀 중에서 적당한 여식을 찾아서 공주의 신분을 주어 보낸 것이다.

호한사선우呼韓邪單于의 시대에 이르러, 흉노는 5개 부족으로 분열되었으나, 호한사선우가 부단히 정벌하여 통일했다. 그러나 그의 친형 호도오사呼圖吾斯가 동부에서 독립을 선포하고, 지지선우郅支單于라고 칭했다.

비록 동생이 용감하고 전투에 능하여 먼저 각 부족을 통일하였지만, 호도오사는 어쨌든 장자로서 더욱 선우가 될 자격이 있는 터이므로 동생의 아래에 서지 않으려 하여, 너 죽고 나 살자며 사생결단을 내기로 결정하였다.

흉노에서 내란이 일어났을 때 한나라 조정은 그 추이를 예의주시하였는데, 대부분의 사람들은 흉노가 분열되어 세력이 약해진 틈을 타서 흉노로 진공하여 각개격파함으로써 흉노를 철저히 토벌하여 한조의 변경을 안정시키고 싶어했다.

당시 여후가 죽은 지 여러 해 되었고, 선제宣帝가 집정할 때였다.

선제는 어사대부御史大夫 소망지蕭望之를 중용하였는데, 소망지는 유교 집안에서 태어나, 인의예지신仁義禮智信을 추구하며 덕으로 사람을 승복시켰다. 그는 사람이 위난에 있을 때를 틈타는 것은 군자가 할 바가 못된다고 여겼고, 선제는 소망지의 의견을 받아들여서 흉노에 대해서 거병하지 아니하였다.

흉노의 내부 사정을 보면 호한사선우가 비록 흉노를 통일하였으나, 아직 세력이 약하여 휘하에 겨우 수만 병력이 있을 뿐이라, 광막한 대초원과 사막을 제어할 역량은 갖추지 못하고 있었다. 오히려 지지선우의 세력이 강성하여 호한사선우를 신속히 공격하니 호한사선우는 대패한 후, 한나라로 달아나 한과 우호조약을 맺고자 결심했다.

한나라 건국 후 비록 국력이 어느 정도 증강되었으나, 여전히 흉노에는 미치지 못하는지라, 호한사선우가 중원으로 와 입조하는 최초의 선우였다. 비록 그가 위난을 피해서 왔지만 한의 선제는 그를 융숭한 예의로 받아들였다.

선제는 몸소 장안성 밖까지 나와서 호한사선우를 영접하고, 그를 위해 성대한 환영 연회를 열었다. 호한사선우 또한 매우 예의바르고 많은 예물을 바칠 뿐 아니라, 선제를 매우 공경하고, 별로 지위가 높지 않은 한나라 관원들에게도 좋은 말로만 대하니 조정에서도 모두들 그에게 호감을 가지게 되었다.

호한사선우는 장안에서 한 달여를 머물며 거의 기력을 회복하였을 때쯤 다시 선제를 배알하여 말했다. "제가 지금 귀국에서 한 달을 머물러 이제는 돌아가야 할 때가 되었습니다. 다만 아직까지도 두 가지 사정만은 폐하께서 들어주셨으면 합니다.”

선제가 말했다. “무슨 일이든지 말해 보시게.”

호한사선우가 말했다. “제가 지금 어려운 것은 지지선우가 요로를 점검하고 있고, 저는 현재 많지 않은 인마를 거느린 형편이라 이대로 돌아간다면 도성에 이르기 전에 그에게 잡혀 버릴까 걱정입니다.”

한 선제가 말했다. “그게 무슨 어려운 일인가? 내가 인마로서 그대를 호송해서 돌아가도록 하면 되지.”

호한사선우가 은혜에 감사하며 이어서 말했다. “저는 일편단심 한나라에 귀부하고자 하나, 저의 형인 지지선우가 세력이 크고, 저를 해치고자 하고 있습니다. 저는 지금 돌아가 인마를 다시 일으킬 생각이나, 현재로서는 양식이 모자라 군대를 일으키는 것은 고사하고, 백성들을 먹일 거리부터 문제입니다.”

한 선제는 아주 시원스럽게 말했다. “한나라와 흉노가 내내 우호적으로 지냈는데, 사지에 처해 있음을 보고도 도와주지 않을 도리見死不
救的道理가 어디 있겠는가?”

그래서 선제는 사람을 시켜서 흉노에 3만 4천 말의 양식을 보내고, 두 명의 장군으로 하여금 1만 기병을 인솔하여 호한사선우를 막남漢
南지방*까지 호위하게 하였다.

호한사선우는 한나라에 크게 감격하여 일편단심 한나라와 우호적으로 지내고자 했다.

....

* 漢南 : 사막 남쪽이라는 뜻으로 현재의 내몽고 및 신장 일부 지방을 포함하는 넓은 지역이다.

후일 지지선우는 한나라와 호한사선우가 가까이 지내는 것을 못마 땅하게 생각하여 군대를 일으켜 한나라를 공격했으나, 한나라가 반격 하여 지지선우를 격파했다. 지지선우가 죽자 호한사선우의 지위는 안 정되었으며, 호한사선우는 한나라에 매우 감격하여 스스로 한나라의 신하로 자처했다.

심궁원녀 深宮怨女

오래지 않아 한의 선제가 죽고 원제가 제위를 계승했다. 원제는 즉 위 후 오래지 않아 천하에 포고하여 각지에서 빼어난 여자들을 선발 했다. 당시 호북 자귀柿歸지방에 왕장王嬙이라는 여자가 있었는데, 꽃 같은 미모로 멀리까지 이름이 나 있었는지라 그녀도 선발되어 궁으 로 가게 됐다.

왕장은 호북지방 자귀현 보평촌寶坪村에서 태어났는데, 그녀의 부친 은 왕양王穰으로 늘그막에 딸을 얻어서 왕장을 매우 총애했다. 왕장에 게는 오빠와 남동생이 있는데 이들도 그녀에게 매우 잘해줬다.

왕장은 이처럼 평범하고 행복한 가정에서 평화롭게 어린 시절을 보냈다. 자라면서 왕장은 타고난 미색에 총명하고 영리한 데다가 시 서를 탐독하고, 가무에도 능했다. 왕장이 15세가 되었을 때 이미 옥 처럼 솟아오른 날씬한 몸매가 뭇사람의 가슴을 뛰게 하니, 당시 남군 南郡에서 이름난 미녀가 되어 있었다.

하루는 왕장과 촌락의 기타 용모가 준수한 처녀들이 현청으로 보내졌는데, 사람들이 모두 놀라 마지않았다. 원래 경성京城에서 온 관리는 황제를 위해 미인을 선발하고자 한 것이었는데, 왕장의 절색은 그녀를 단번에 눈에 띄게 하여 그녀는 첫 번째로 선발되고 날을 받아 경성으로 보내질 것이라는 통지를 받았다.

왕장이 이를 알고는 비통해 하며 미녀를 선발하러 온 관리에게 말했다. "소녀는 아직 어려서 명을 받들기가 어려울 것 같습니다."

관리는 말했다. "이것은 황제의 뜻이니 우리는 누구도 거스를 수 없다. 더구나, 궁에 들어간 후 하루아침에 황제의 총애를 받게 되면 문중의 영광이요 조상을 빛낼 일光宗耀祖이니, 너는 너무 여러 생각할 필요가 없다."

임금의 명은 위반할 수 없는지라 기원전 36년 봄, 왕장은 그녀의 부모며, 고향 친지들과 눈물로 이별하고 경성京城으로 가는 노정에 올랐다. 그녀가 탄 배는 향계香溪*를 따라가다가 장강長江을 거쳐서 진령秦領을 넘으며, 3개월의 여정을 보낸 후 그해 여름에 경성인 장안에 닿았다. 장안에서 왕장과 기타 미녀들은 액정掖庭에 배치되어 황제의 부름을 기다리고 있었다.

액정은 미앙궁未央宮에 있는데, 한나라 초기에 세운 세 개의 궁전 중 한 개이다. 액정은 후궁의 양 날개로 동서 둘로 나누어져 있었는데, 왕장은 동액정에 배정되었다.

....
* 溪는 산간의 작은 하천이다.

중국을 뒤흔든 불멸의 여인들 1

잠시 후 미녀들을 등록할 환관이 와서 각자의 성명을 등록하고 나서 그녀들에게 말했다. "여러분 먼 길 오시느라 수고 많았습니다. 오늘 저녁은 우선 휴식하시고, 내일 화공이 와서 여러분들의 초상화를 그릴 것입니다."

원래 미인들이 처음 궁에 들어오더라도 모두가 황제를 볼 수는 없고 전문적인 화공이 초상을 그려서 황제 앞에 보내 선택을 받게 하였으니, 화공이야말로 관건이었다.

저녁 때 왕장과 사이가 좋은 임채林采가 가만히 말했다. "듣자 하니 내일 올 화공은 모연수毛延壽라고 하는데, 돈을 매우 밝히는 사람으로 이전의 뽑혀 온 여자들도 그에게 많은 은자를 줘야 그가 좀 예쁘게 그려 준다고 하더라."

왕장은 놀라서 말했다. "이런 일이 있을 수 있단 말이야? 그럼 돈을 안 주면 어쩌는데?"

임채가 대답했다. "궁에까지 온 이상 화장만 하면 누구라도 황제의 눈에 들 수 있어. 그러나 그리기를 추물로 그려 놓으면 황제는 평생토록 신경 안 쓸 텐데, 어느 세월에 얼굴을 내밀기나 하겠어?"

왕장은 화가 나서 불평을 쏟아 냈다. "어찌 이놈의 화공이 여인의 운명을 결정할 수 있단 말이야?"

임채가 탄식했다. "누가 아니래!"

왕장이 이어서 말했다. "황궁에 이런 일이 있단 말인가? 내가 보지, 이놈의 모연수 내가 아무 것도 주지 않으면 어떻게 할 것인지."

다음 날 궁녀들은 줄을 서서 모연수가 초상화를 그려주기를 기다리고 있었다. 왕장이 보니 다른 여자들은 모두 보따리를 받쳐 들고 있었다. 모두가 이러하니 무슨 비밀도 아니고 아예 모두들 대놓고 이 일을 이야기하기 시작했다.

"너 얼마 가져왔어?"

"20냥."

"아이고, 나는 겨우 10냥을 준비했으니, 틀렸네. 모 화공이 틀림없이 화낼 거야."

다른 사람들이 모두 이 일을 떠들어도 왕장은 한쪽 편에서 전혀 어울리지 못하며 불편해 했다. 여자들은 하나같이 얼굴 가득 웃음을 띠고 들어갔다가, 겁을 먹고 불안해하며 나왔다.

왕장의 차례가 되자 그녀는 어깨를 으쓱거리며 들어갔다. 안에서 보니 모발이 반백인 늙은이가 앉아 있는 것이 아마도 모연수일 터였다. 왕장은 들어간 다음 모연수에게 인사했는데, 모연수가 보니 그녀가 빈손으로 들어왔는지라 좀 이상하게 생각하여 그녀가 꺼내는 것을 잊고 있는 것으로 여기고 그녀에게 암시하고자 옆에 있던 조수에게 물었다. "방금 그 여자는 얼마를 가져왔었지?"

조수가 대답했다. "보고 드립니다. 방금 그 여자는 30냥을 대인에게 바쳤습니다."

왕장은 모연수의 속뜻을 알고 대놓고 말했다. "촌년은 집안이 빈한하여 화공에게 바칠 게 없으니 화공께서 널리 양해해 주시기 바랍니다."

모연수가 보니 그녀의 태도가 오만한지라 마음속으로 생각했다.

'이 어린 년이 스스로 얼마나 예쁘다고 여겨서 반드시 황제의 총애를 받을 것이라고 뼈긴단 말인가?' 그리하여 한번 휙 그려서 눈동자에 찍어야 할 단청丹靑을 얼굴에 찍어 버리니 왕장의 초상은 남편 잃고 눈물을 흘려 얼룩 자국이 여럿 있는 꼴이 되었다.

초상화가 황제에게 보내진 후 바로 소식이 있더니, 오래지 않아 여러 여자들이 후궁으로 선발되어 갔으며, 왕장과 대부분의 여자들은 계속 액정에 남겨졌다. 그러나 뽑혀간 궁녀들의 자색이 절대로 왕장처럼 대단하지는 않았다.

왕장은 분노했지만 후회하지는 않았는데, 그 대가는 수년간 뜻을 이루지 못한 것이었다. 다른 뽑혀 온 여자들과 마찬가지로 왕장도 비록 좋은 옷에 미식으로 호강해도 조롱 속의 새요, 연못 안의 고기에 불과하니, 평소 비파를 치거나 그림을 그리고 책을 보는 것 외에는 할 수 있는 일이 아무 것도 없었다. 일반적으로 말해서 뽑혀 온 여자들의 초상화가 황제에게 보내진 후 선택되지 않으면 이후 다시 눈에 뜨일 날은 거의 없었다.

궁 안에 반백이 되도록 늙었으나 여전히 아리따운 궁녀들을 발견하고 왕장이 임채에게 물었다. "저 궁녀들은 평생 궁 안에 있는 거지?"

임채가 말했다. "그러게!"

왕장이 다시 물었다. "그럼, 그녀들은 이후 궁에서 이생을 마치는 거야?"

임채가 답했다. "듣는 바로는 그녀들도 이후에는 집으로 돌아가는

가 봐." 말을 마치고 멀지 않은 곳에 있는 늙은 궁녀를 가리켰다. "저 주씨 노인네는 다음 달에 돌아간다고 하더라고."

왕장이 그 주씨를 보니, 아직도 얼마간 사람이 끌릴만한 자색은 남아 있으나 이미 좋은 시절은 지난 터였다. 왕장이 걱정스럽게 말했다. "이렇게 나이가 많아 돌아가더라도 부모님도 이미 없을 텐데, 이후 어떻게 생활을 하는 거야?"

"다시 시집가는 거지!" 임채가 대답했다. "하지만 진짜 시집갈 수 있는 사람은 드물어. 비록 미모가 있다 하나, 세월이 용납하지 않는 거지!"

왕장은 저도 모르게 후일이 걱정되었다. 난 저렇게 살아갈 수는 없어 하고 그녀는 생각했지만 저러지 않고 달리 무슨 수가 있단 말인가? 왕장은 전도가 망망함을 뼈저리게 느꼈다.

왕장은 궁 안의 생활을 조용히 보내면서 의기소침하여 "인생은 이미 정해졌구나."라며 탄식했다. 그럼에도 불구하고 인생에는 가끔 뜻하지 않은 변화가 찾아오니, 한나라 원제元帝 경녕竟寧 원년에 호한사 선우가 다시 한나라에 입조하여 황제를 배알하였는데 이 일로 왕장의 운명에는 자신도 모르게 큰 변화가 일어나게 되었다.

자청하여 대사막으로 가다 : 自請去大漠

한나라가 호한 사에 선우를 도와 내란을 평정하여 흉노를 통일하게 한 것에 대해 호한사선우는 감격해 마지않아 스스로를 한나라의 신하로 칭하고 서신을 올려서 장안에 와서 황제를 배알하기를 청하면서 변방 신하藩臣로서의 예를 다했다.

호한사는 많은 양의 모피와 예물을 가지고 장안에 와서 원제에게 바쳤는데, 당시 원제는 제위에 오른 지 몇 년 되지 않아 아직 젊은 황제였다. 그러나 호한사선우는 그를 매우 존경하여 머리를 조아리고 절을 하며 공경했다. 원제는 크게 기뻐하며 잔치를 열어 호한사를 대접하였다.

술자리에서 호한사는 한 원제와 현재 흉노의 발전상을 이야기하며 한나라가 그를 도와 대업을 이루게 한데에 대한 감사의 마음을 표시하여 두 사람은 의기투합하였다.

술자리가 무르익자 호한사가 말했다. "황상皇上, 이번에 찾아 뵌 것은 사실 또 하나의 소청이 있어서입니다."

원제는 한참 흥이 나던 터라 바로 말했다. "무슨 일이든 말해 보아라!"

호한사가 말했다. "오래 전부터 한나라 공주는 기품 있고, 우아하며, 박학대재하고, 예법에 밝다고 들어 왔습니다. 오늘 바라는 것은 황상께서 공주를 저에게 시집보내 주셔서 한나라와 흉노의 관계를 더욱 친밀하게 해 주셨으면 하는 것입니다."

원제는 호한사와의 사이가 틀어지는 것을 원치 않았다. 이때 한나라는 비록 경제는 매우 빨리 발전했지만 변경은 아직 크게 안정되지 않았으므로 원제로서는 흉노가 서북 변경의 병풍이 되어 주기를 바라고 있던 터라 한마디로 수락했다.

호한사는 원제가 이렇게 시원하게 나올 줄은 몰랐던지라 황급히 꿇어앉아 사은謝恩했다. 그런데 사실 한 원제는 자신의 딸을 멀리 흉노로 시집보내고 싶지는 않았는데 호한사에게는 응낙한 상태라 부득이하게 두 가지를 다 해결할 묘책을 찾았다. 원제가 생각한 것은 일찍이 여후가 써먹었던 수법으로 황실 종친의 딸을 공주로 가장하여 화친의 사자로 보냈던 것으로, 자신도 이 방법을 쓰고자 했다. 어차피 사칭하는 것으로 상대방이 그 사정을 모르는 이상 질녀를 골라 보내는 것이나, 궁녀를 골라 보내는 것이나 그 효과는 같으므로 이번에 원제는 궁녀 한 명을 골라서 호한사에게 보내기로 하였다.

원제는 후궁에 사람을 보내 말을 전했다. "누구든 흉노로 갈 사람이 있으면 폐하께서 그녀를 공주로 대우할 것이다."

후궁의 궁녀들은 여러 해를 황궁에 갇힌 새와 같은 신세가 되어 모두가 황제의 총애를 받을 날을 갈망하였고 더러는 황궁을 벗어날 기회를 학수고대했다. 그러나 듣자니 흉노 땅의 호한사선우에게 시집간다는 것이니 큰 사막을 건너가 궁벽한 초막 생활을 한다는 것이라 이는 또 모두가 원치 않는 일이었다.

이 소식은 왕장의 귀에도 바로 전해져, 그녀의 마음에 일진의 파란을 일으켰다. 그녀는 생각했다. "여기 황궁에 있어 봤자, 평생토록 얼굴 내밀 기회도 없을 것이다. 흉노지방에 가는 것이 비록 고생스럽긴 하나 보통 사람의 생활은 아니겠지. 사람이 한평생을 살아감에 있어서 고생하고, 힘드는 게 무슨 대수일까?"

왕장은 황궁에서 묵묵히 일생을 마치고 싶지 아니하여 말을 전해 온 환관을 찾아서 말했다. "제가 흉노로 가겠습니다."

환관은 왕장의 일을 원제에게 보고했고, 원제는 바로 호한사에게 말했다. "내 이미 그대를 위해 공주 한 사람을 물색해 두었으니, 날을 정해 불러서 보이도록 하지."

호한사는 이 말을 듣고는 연이어 만세를 불렀다.

원제는 왕장에 대해서는 아무런 인상이 없었는데, 그것은 후궁에 미인이 너무 많은 데다가 황제로서는 그녀의 초상화만 보았기 때문이다. 원제는 자기가 뽑고 남은 여자니 자색이 변변찮을 것이라 생각하여 기꺼이 사람을 보내 왕장을 시집보낼 혼수를 준비시켰다. 며칠 후 원제는 호한사를 불러서 왕장을 보게 준비시켰다.

호한사는 일찍이 의관을 정제하고 달려와 황제에게 인사하고 옆에 앉았다. 이때 원제가 좌우에 분부하였다. "그럼 왕장을 들라 하라!"

왕장이 분부에 따라 다가오는데 사람이 닿기도 전에 향기가 스며왔다. 원제와 호한사가 눈을 떼지 못하고 보는데 요염하고 아리따우면서, 기품과 재주가 당대에 다시없을 여자가 천천히 다가오는 것이었다. 원제는 놀랐다. "내 후궁에 이리도 요염하고 아리따운 여자가 있었던가? 뜻밖에도 나는 보지도 못하였는데."

정성들여 꾸민 왕장은 구름 같은 머릿단에 안개 같은 귀밑머리며, 얼굴의 광채가 사람을 비추고, 하늘거리는 자태가 너무 아름다워雲鬢霧鬢, 光彩照人, 婀娜多姿 궁전 안이 온통 그 때문에 더 환한 것 같았다. 두 줄기 먹눈썹을 약간 찡그리며 한줄기 깊은 한을 내비쳤다. 그녀는 거침없이 다가와서 말했다. "황상을 뵙습니다. 선우를 뵙습니다."

원제는 왕장의 목소리를 듣고 마음속으로 후회막급이었으나, 이미 다른 사람에게 주겠다고 승낙한 터라 식언할 수도 없어 그냥 말했다. "어서 일어나게!"

그런 다음 황제는 호한사에게 말했다 "바로 영호^{寧胡} 공주로서 나의 여동생이요."

호한사는 황제가 자신에게 이렇게 꽃 같고, 옥 같은 공주를 골라 줄 줄은 생각도 못하였던지라 저도 모르게 마음속 꽃이 만발하여 연신 감사함을 표했다.

원제는 짐짓 왕장에게 말했다. "내 비록 동생을 시집보내며 마음이 아프지만 선우가 너를 깊이 사랑하니, 나로서는 두 정인이 뜻을 이루도록 하는 수밖에 없구나."

이때 호한사가 원제에게 말했다. "황상께서는 안심하십시오. 제 반드시 공주에게 잘 할 것입니다."

원제가 왕장에게 말했다. "지금 짐이 너에게 다른 이름을 하사하니, 소군^{昭君}이라 하고 날을 받아 혼인을 하도록 하라."

황제는 소군에게 많은 비단과 명주, 황금, 서적과 그림 등 귀중품을 예물로 주고, 전문가로 하여금 혼례를 진행하게 하였다.

왕소군과 호한사는 나란히 꿇어 앉아 말했다. "황상의 은전^{恩典}에 감사드립니다."

원제가 준비한대로 왕소군과 호한사는 먼저 장안에서 혼례를 올렸다. 혼례가 끝나자 호한사는 신혼의 처를 데리고 희희낙락 돌아갔다.

대사막 가는 길 : 大漠之行

왕소군은 결혼식을 한 며칠 후 호한사를 따라 현지로 갔다. 한 원제는 그녀에게 풍부하고도 후하게 혼수를 준비해줬으며, 인마가 황궁 밖에서 호호탕탕 출발을 기다리고 있었다.

왕소군은 이날 군장을 했는데, 아름다운 가운데도 기상이 돋보였다. 그녀와 호한사는 미앙궁으로 가 원제에게 고별했다. 한 원제가 왕소군을 보니 마음속에 다시 쓰라림이 왔으나 입으로는 "너희들은 흰머리 될 때까지 해로하고, 한과 흉노가 화목해지는 대업을 함께 이루기를 바란다."고 말했다.

왕소군과 호한사는 원제에게 감사드리고, 혼수를 가지고 출발했다. 장안을 떠날 때 왕소군이 자꾸 지체하며 말에 오르려 하지 않자, 호한사가 말했다. "공주, 시간이 이르지 않아요. 우리는 가야만 하오."

왕소군은 특별한 정을 가슴에 간직하고, 마지막으로 장안을 한눈에 돌아 본 다음 비파를 안고 말에 올랐다. 5년 전 그녀는 꿈을 안고 장안에 왔는데 5년이 지난 지금 이렇게 떠나니 은인자중하는 것인지 실패한 것인지 자신도 몰랐다. 대오는 숭산준령崇山峻嶺을 가로질러 갔는데, 왕소군은 꽃피는 따뜻한 봄에 출발하여 하늘이 높고 대기가 시원한 가을이 되어 국경에 다다르니 이미 큰 눈이 분분히 날리고 있었다. 황량한 대사막을 가면서 왕소군은 일말의 처량함을 금치 못하였다. 이때 왕소군은 스물을 갓 넘은 인물 좋고 재주 넘치는 나이였으나, 호한사는 이미 처첩을 여럿 두고, 자녀들이 모두 어른이 된 노인이었다.

그러나 이미 선택한 길이라 되돌아갈 여지도 없었다. 17세에 부모를 떠나 황궁으로 뽑혀 들어온 후 5년간의 고통스런 생활을 하고 다시 말에 올라 만리타향으로 향해 가니 왕소군은 천만 상념을 금치 못하였다. 그리하여 소군은 비파를 꺼내 타며 "원망의 노래怨詞" 한 수를 불렀다.

秋木萋萋 其叶萋黄,	가을 산 울창한 나무는 그 잎 누렇게 시들었네*
有鸟处山 集于芭桑.	산새들은 무성한 뽕나무에 모여 즐기네.
养育羽毛 形容生光,	깃털이 다 자라니, 그 빼어난 용모에 광채가 나고
既得行云 上游曲房.	이미 구름을 얻어 하늘에 올랐으니, 황궁으로 날아가 놀리라.
离宫绝旷 身体摧藏,	이궁은 하도 넓어 몸이 작아져 가려 버리니**
志念抑沉 不得颉颃.	의지도 상념도 가라 앉아, 날아오를 수 없네.
虽得委禽 心有徊惶,	비록 무리의 가금을 얻었어도, 마음이 갈피를 못 잡으니***
我独伊何 来往变常.	어찌 나만 이러한지, 오고 감이 보통과는 너무 다르네.****
翩翩之燕 远集西羌,	편편 기러기는 멀리 서강***** 땅으로 모여 가니,

....

* 온통 단풍이 물든 모습이라고 해설되고 있으나, 정확한 뜻은 누렇게 시들었다는 것이니 단풍을 바라보는 처연한 심정을 나타낸 것이라 보아야 할 것이다.

** 이궁, 행궁 : 별채로 지은 궁전, 별궁. 여인이 궁으로 들어가면 넓은 별궁에 묻혀 햇빛조차 보지 못하고 평생 궁궐생활을 하는 신세를 비유한 듯하다.

*** 궁중에서 호의호식한들 심사가 산란하여 온갖 상념이 흩어지는 모양.

**** "어찌 나만 이렇게 고난스런 운명을 타고 났는지 오고 가는 좋은 일이 나에게는 차례가 오지 않네."라고도 해설되어 있다.

***** 고대 중국의 사천성 서부에 살던 이민족으로 중원에서 오랑캐라 부르는 변방 민족 중 하나였다.

高山峨峨 河水泱泱.	그곳 산은 높이 높이 솟아오르고, 강은 넓고도 깊네.
父兮母兮 到阻却长,	아버지! 어머니! 가는 길이 고난스러우면서도 이리 멀어
呜呼哀哉 忧心恻伤.	아, 슬퍼라! 가슴 가득 근심스럽고 비통한 마음이여.

왕소군은 고향을 너무 그리워하여 마침내 중도에 병으로 쓰러졌고, 대오도 부득이 정지하여 어의가 소군을 치료했다.

호한사는 지극한 관심으로 물었다. "공주, 왜 그러시오? 혹시 대사막의 기후에 적응이 잘 안되는 것은 아니오?"

왕소군은 쓴 웃음을 지으며 고개를 끄덕였다. "네, 최근 몸이 허약한 데다가, 오는 길에 황사가 너무 심해서 일시적으로 적응이 어렵네요."

태의가 진맥하더니 고개를 저었다. "공주는 사막의 기후에 적응이 안 되는 것이 아니라, 마음에 병이 든 것입니다."

"마음의 병?" 호한사가 물었다. "공주, 혹 오는 길에 내가 당신을 제대로 못 보살핀 건 아니오? 혹시라도 못마땅한 게 있으면 내게 바로 말하시오."

소군은 가볍게 고개를 저었다. "선우께서는 소군에게 줄곧 잘해주셨어요. 소군이 생각하는 것을 헤아리시고, 생활에 보살피심이 조금도 못 미치는 구석이 없어서 소군은 감격해 마지않습니다. 다만 소군이 처음으로 집을 떠나고, 바로 천 리 먼 곳으로 시집을 가니, 아마도 이후 돌아올 가능성이 매우 희박하므로 부모와 고향이 그리워 심사가 어지러웠습니다."

"아, 그랬었군." 호한사가 말했다. "공주 안심해요. 공주가 고향을 그리워하면 내가 매년 사람들로 하여금 공주를 장안으로 모셔 가서 부모님을 찾아뵙도록 조치하리다."

소군은 호한사를 바라보며 눈물을 흘렸다. "고마워요, 선우님."

호한사는 소군의 손을 잡았다. "안심하시오. 내 이후 틀림없이 당신에게 아주 잘 하리다."

가는 길에 소군은 자기 운명을 슬퍼하거나, 고향이 그리워지면 비파를 켜면서 답답한 마음을 달래곤 했다. 어느 날 초저녁, 소군은 하늘 가득한 노을을 보더니 〈출새곡出塞曲〉*을 연주했는데, 곡조가 처음에는 유연하고 한가롭기가 높은 하늘에 한 조각 구름이 떠도는 것 같더니, 홀연히 소리가 급하게 커지면서 음절이 격렬해져 마치 광풍이 휘몰아쳐 흙먼지가 일고, 돌이 구르는 것 같았다. 비파 소리는 천천히 다시 느려지고 작아지더니 부지불식간에 편안하고 평화롭게 변했다. 옆에 있던 궁녀조차 비파 소리에 감동하여 엉엉 울기 시작했다.

이때 궁녀가 외치는 소리가 들렸다. "공주님, 보세요. 저기 큰 기러기들이 어찌 모두 떨어졌을까요?"

왕소군이 놀라서 보니 과연, 자신의 비파 소리를 따라 하늘 끝을 날던 큰 기러기들이 모두 땅에 떨어져 있었다.

....

* 국경 지대 마을을 벗어나며 부르는 노래이다.

"아마도 공주님의 비파 소리가 너무 깊은 한을 담고 마음을 상하게 하여 하늘을 날던 큰 기러기마저 간장이 토막토막 끊어진 것일 거예요."라고 궁녀가 말했다.

안雁 관문을 나서니 이미 흉노의 대부대가 기다리고 있었다. 수많은 기병이며, 모피를 깐 차, 호족 여자들이 일제히 다가와 소군과 호한사를 영접하니 만 리 황량한 사막에 일대 장관이 펼쳐졌다.

무리들이 소군과 호한사를 에워싸고 흉노의 왕궁으로 돌아오니, 보이는 것이라고는 지천으로 깔린 소와 양이며 끝없이 펼쳐진 푸른 초원뿐이었다. 초저녁이 되자 장막마다 등을 달며, 색동줄을 걸고, 호한사와 왕소군은 다시 한 번 혼례를 올렸다. 호한사는 왕소군을 "영호 연씨寧胡閼氏"*에 봉했으며, 모두들 그녀에게 모여들어 그녀를 즐겁게 했다. 그러나 오랑캐 땅의 피리는 슬피 울고, 날랜 말은 황야를 달리고, 마시는 것은 비린내가 나고, 먹는 것은 노린내가 나며, 풍경은 모두가 낯선 나라의 것이니 이 모든 것이 왕소군으로 하여금 고국에 대한 그리운 정에 더욱 사무치게 했다.

당시 한나라의 경제는 이미 크게 발전했는데, 흉노는 수년간의 내전으로 세력이 흩어져 이미 한나라 아래에 서게 되었다. 이때 왕소군이 오면서 농업기술과 많은 재물을 가져왔으니, 흉노가 전란으로부터 회복되는 데 중요한 역할을 하였다.

* 閼氏 : 흉노에서 왕비를 부르는 호칭이다.

마음은 고향에 | 心系故鄉

왕소군은 도도한 황하를 건너고, 끝없는 산을 넘어 초원에 도달했다. 그녀는 가져간 진귀한 예물을 흉노 동포들에게 나누어 주어서 현지 백성들의 사랑과 신뢰를 받았다.

한편, 호한사는 절세미인을 얻은 후 크게 기뻐하여 종일 술을 마시며 즐기고, 사자를 보내 많은 옥그릇과 구슬이며 보물과 준마를 헌상하여 한나라 천자의 특별한 은혜에 보답했다.

왕소군은 흉노에 온 후 부모, 형제를 생각하여 편지를 써서 한나라 조정으로 가는 흉노의 사자로 하여금 원제에게 바치게 했다.

그래서 왕소군이 한나라 변경을 떠나온 지 2년이 되었을 때 흉노의 사자가 장안에 다다라 왕소군의 편지를 전해 주고, 호한사선우가 한 천자의 특별한 은혜에 보답하며 원제에게 헌납하는 구슬, 보물, 옥기며 준마도 갖다 바쳤다.

원제가 왕소군의 편지를 펴 보니 아름답고 수려한 필체가 눈을 찔러 들어오며, 읽을수록 정과 뜻이 진실하고 절절하여 사람의 폐부를 흔들었다. 왕소군은 편지에서 이렇게 썼다. "신첩은 폐하의 눈에 들어 멀리 흉노에 시집왔으니 지금 여기서 어찌 감히 자신을 돌아보며 연민에 빠질 수 있겠습니까? 다만 신첩이 멀리 흉노 땅에서 고향과 친지가 너무 그립고, 집안의 부모, 형제를 머릿속에서 지울 수 없습니다. 지금 제가 만 리 이국땅에 있으니, 폐하께서 그들을 보살펴 주시기를 청할 뿐입니다."

원제는 이 한 통 편지를 보고, 또 다시 절세가인이면서도 자신이 소홀히 하고 말았던 이 여인에 대한 그리움이 이는 것을 어쩌지 못하고 바로 주위 사람들에게 말했다. "왕소군의 집안에는 어떤 사람들이 남아 있는가?"

좌우에서 답했다. "왕소군의 집에는 부모와 오빠, 동생이 있습니다."

원제가 다시 물었다. "그들은 뭘 하는가?"

태감이 대답했다. "모두 농사짓고 있으며, 오빠는 이미 장성하여 결혼했습니다."

원제는 생각하더니 말했다. "왕소군은 대의를 깊이 이해하고, 한몸을 바쳐 흉노로 갔으니 이야말로 큰 공신이다. 그 집안사람들은 의당 상을 받아야 할 것이다."

원제는 다시 생각하더니 이어서 말했다. "그러면 그녀의 부모, 형제를 모두 장안으로 모셔 와서 저택과 전답을 내리고, 그녀의 형제들을 위해 좋은 가문을 골라 혼인을 주선하고 잘 거행하도록 하라."

후일, 왕소군의 형제들은 조정에 의해 후작에 봉해져 여러 차례 황명을 받들어 흉노에 사신으로 가서 왕소군을 만났다. 왕소군의 두 딸도 장성해서는 장안 궁으로 들어가 태황, 태후 즉 원제와 그 황후를 곁에서 모셨다.

흉노의 사자는 왕소군의 편지 외에도 호한사가 원제에게 바치는 서신도 가져갔다.

왕소군을 얻은 때부터 호한사는 보배를 얻은 것 같았다. 호한사는 이때 이미 60세가 되었으나, 왕소군은 겨울 스물 몇 살이었다. 호한사선우의 원래의 처는 이미 늙어서 시들었는데, 지금 이렇게 꽃 같고, 옥 같은 왕비를 얻었으니, 호한사는 좀처럼 있기 어려운 감정을 맛보고, 그녀를 더욱 총애했다.

호한사는 왕소군을 "영호 연씨"에 봉하며, 그녀가 흉노에 안녕과 평화를 가져오기를 바랐다. 왕소군도 한나라 조정의 기대를 저버리지 않고, 호한사선우에게 전쟁을 일으키지 말도록 간청했으며 호한사는 왕소군의 말을 아주 잘 듣고, 원제에게도 매우 감사해 하는지라 원제에게 변경의 군대를 철수하여 한나라 백성들을 편하게 해 달라고 청원하는 상주문을 써서 사신을 보내어 왕소군의 편지와 함께 원제에게 올렸다.

호한사는 상주문에 이렇게 썼다. "한나라와 흉노는 한 집안이니, 변경의 백성들을 보호하기 위해 천자께 변경의 군대를 철수하여 백성들을 편안하게 하시기를 청원합니다."

원제는 이를 보고 마음이 끌렸으나, 혼자 결정하기가 어려워 대신들을 불러서 상의했다.

원제가 말했다. "우리 한나라가 비록 수대의 황제를 내려 왔으나, 아직도 겨우 수십 년밖에 되지 않았다. 이 수십 년 동안 휴양생식休養生息*하며 생산력을 발전시킨 것 외에는 대량의 재력과 물질이며 인력을 변방에 쏟아 부었다. 흉노는 용맹스럽고 호전적인 데다가 국력이 강대하여 바로 우리 한나라가 가장 먼저 방어해야 할 대상이었다."

원제는 대신들을 바라보고, 이어서 말했다. "호한사는 스스로 우리 한나라에 호의를 보이고, 지금은 다시 국경 지대의 군대를 철수하여 그곳 백성들을 편안하게 하자고 제의해 왔는데 경들이 보기에는 어떤가?"

보아하니 모두들 말이 없어 원제가 다시 말했다. "내가 보기에 호한사의 태도는 진실하고 성의가 있다. 이럴 때 변경의 병력을 줄일 수 있다면 우리 한나라로서는 부담을 크게 줄이는 것이 될 것이다."

이때 낭중郎中 후응侯應이 나서 말했다. "황상, 제가 한 말씀 드릴까 합니다."

원제가 말했다. "후 낭중 무슨 말이든 상관없으니 해 보라."

후응이 말했다. "제 생각에는 우리 한나라와 흉노가 잠시 사이가 좋다 하더라도, 언제 다시 반목하지 않을 것이라고 장담할 수 없습니다. 그럴 때 국경 지대에 병사가 한 명도 없다면 그 결과는 상상하기도 어렵습니다."

이후, 후응은 다시 원제에게 상소하여 치국용병의 "십대불가론十大不可論"을 제시하였으며, 대신들 대부분이 이를 지지하므로, 원제도 위험에 대비한다는 의미에서 호한사의 호의를 거절했다.

왕소군은 흉노에 온 후 점차 추운 날씨며, 하늘을 덮는 황사에도 익숙해지고, 흉노족과 같은 빠오에 살며, 갖옷을 입고, 양고기를 먹는 국경 밖塞外 생활에 젖어 들었다. 왕소군은 대의를 통찰하여 흉노와 한나라의 관계에 협조한 외교가일 뿐 아니라, 한편으로 현명한 왕비

---

* 국민의 부담을 줄이고, 평안하게 하여 원기를 회복하게 하는 것을 말하며 중국 역대 왕조에서 건국 후 또는 전란 후 국력회복을 위해서 조세부담을 줄이는 등 일정 기간 이런 정책을 썼다.

였다. 그녀는 백성들을 사랑하고 보호하여 그들에게 배를 짜고, 바느질을 하며, 농사짓는 기술을 가르쳐서 백성들의 깊은 사랑과 존경을 받았다.

오래지 않아 왕소군은 아들을 낳아 지아사智牙師라 이름 지었는데 이는 왕소군과 호한사 사이의 유일한 혈육이었다.

모자 간의 사랑 ┃ 母子之戀

사랑의 결정체를 얻은 후 호한사는 왕소군을 더욱 끔찍이 사랑하였으나, 두 사람의 달콤한 생활은 오래 가지 못하였으니, 이 아들이 두 살도 되기 전에 호한사는 병으로 세상을 떠났다.

호한사가 죽은 후 그의 아들 조도막고雕陶莫皐가 선우의 지위를 계승했다.

왕소군은 자신을 그렇게 절실하게 사랑해 주던 임금을 어렵게 만나 행복한 생활을 막 시작하였는데 이렇게 빨리 모든 것이 한줌 재로 돌아가리라고 어디 상상이나 했겠는가? 그녀는 비통함을 금치 못했는데 한편으로는 죽은 남편에 대한 것이며, 한편으로는 자신의 슬프고 고난에 찬 삶에 대한 것이었다.

새 선우는 이미 40여 세로 아들도 있었다. 조도막고는 부친의 후사를 처리한 후 흉노를 통치하기 시작했다. 한편 왕소군은 얼마간의 회복기를 거친 다음 더 이상 비통해 하지 않고, 자신과 호한사의 아들을 잘 살펴서 나머지 반평생을 그곳에서 마음 편하게 지내고자 했다.

생활이 비교적 마음 편했으므로 왕소군은 갈수록 요염한 아름다움을 더해 갔으며, 얼굴에도 점점 더 웃는 모습이 많아졌다. 그녀가 종족의 제사에 참석했을 때, 수많은 흉노의 왕후귀족들은 수절과부된 지 오래지 않은 이 젊은 여인에게서 눈을 떼지 못했으며, 그중에는 새 선우 조도막고도 포함되어 있었다.

왕소군이 이렇게 많은 사람들의 눈길을 끄는 것은 그녀의 절세의 자색 때문만은 아니고, 그녀에게는 겪어 온 삶과 소양으로 형성된 속되지 않은 기질이 있었기 때문이기도 했다. 그녀는 보통의 여자가 아니라 선량하면서도 포부가 있는 여인이며, 눈에 어린 근심은 한층 더 사람의 마음을 흔들리게 했다.

소군은 흉노에 온 후 몸가짐에 예의범절이 뚜렷하였으며, 호한사에게 지극정성을 다했을 뿐 아니라, 호한사의 자녀들도 끔찍이 사랑하여 그들에게 많은 한족의 예물을 갖다주었다. 스스로 아들을 낳은 후에도 이 때문에 다른 아이들에 대한 사랑을 흩어 버리지 않고, 늘 그들을 보살폈기에 그들로부터 깊은 사랑과 존경을 받았다. 그녀는 왕공귀족 사이에서도 칭찬이 자자하여 호한사가 죽은 후에도 여전히 높은 대우를 받고 있었다.

조도막고는 이때 40여 세의 한창 나이였는데, 왕소군은 겨우 20여 세로 자태며 재주가 최대한 피어날 때였다. 왕소군이 막 왔을 때 조도막고는 이미 이 젊은 모친에 대해 관심을 가졌었다. 비록 자신이 명목상 소군의 의붓아들이지만 조도막고는 이 모친에 대해 특별한 감정을 갖고 있었던 것이다.

꽃 피는 화창한 어느 봄날 오후 왕소군은 점심을 먹고, 꽃밭에서 아들과 놀고 있었는데, 어린 왕자는 이미 걸을 수 있어서 엄마와 즐겁게 놀면서 깔깔깔 쉴 새 없이 웃었다.

바로 이때 궁녀가 와서 보고했다. "선우께서 오셨습니다."

소군은 급히 옷매무새를 다지고, 아이와 함께 조도막고를 영접했다.

조도막고는 이때 많은 구슬이며 보석과 선물을 가져와서 사람을 시켜서 소군의 침소로 바로 가져다주었다.

인사를 한 후 두 사람은 앉아서 이야기했다.

소군은 조도막고가 이렇게 많은 선물을 보내온 것을 보고 물었다. "요즈음 선우께서는 건강하신지요? 오늘 오신 것은 무슨 일이 있는지요? 왜 이렇게 많은 선물도 주시는지요?"

소군은 막 어린애와 서로 쫓으며 즐겁게 놀던 터라 얼굴에 약간 홍조가 있었는데, 그 바람에 맑은 눈동자와 하얀 이가 더욱 드러나 보여 사람의 마음을 크게 흔들고 있었다.

조도막고가 소군을 쓱 바라보는데, 눈빛에 일말의 애정이 스며나오는 것을 감추지 못했다. 그는 소군의 말에는 대답하지 아니하고 오히려 소군에게 물었다. "모친이 여기 오신지 얼마간의 시간이 지났는데, 여기가 좋으신지요?"

소군은 말했다. "선우의 부친께서 저를 두터운 정으로 대해 주셔서 제 비록 만리타향에 있지만 오히려 배^倍로 따뜻함을 느끼고 있으며,

이미 여기를 제2의 고향으로 여기고 있습니다."

조도막고가 말했다. "모친이 여기 오심에 우리는 진작 모친을 한 집안 사람으로 보고 대했습니다. 비록 저를 낳은 모친은 아니지만, 대의에 밝으시고 어머니 같은 자애로움을 천하에 펼치셔서 이미 친어머니보다 낫습니다."

왕소군이 답했다. "선우의 과찬에 감사드립니다. 제가 이왕 흉노의 왕비가 되었으니, 왕비로서의 책임을 다할 것입니다. 백성들을 위해 뭔가 할 수 있는 일이 있어야겠지요."

조도막고가 말했다. "모친은 백성들을 위해서 많은 좋은 일을 하셔서 백성들이 매우 사랑하고 존경하고 있습니다."

잠시 뜸들이더니 조도막고는 다시 말했다. "지금 백성들은 모친이 계속 흉노의 왕비가 되어 모친의 천하에서 복지를 누리길 바라고 있습니다. 모친의 뜻은 어떠하신지요?"

소군은 깜짝 놀라서 한참이나 멍해져 있다가 겨우 한마디 했다. "선우의 말씀이 무슨 뜻인지 저는 잘 모르겠습니다."

조도막고가 말했다. "이왕 이렇게 되었으니 내가 터놓고 말하리다. 모친께서는 아직 모르실 수도 있는데, 우리 흉노에는 아비가 죽으면 아들이 아비의 처를 취한다는 규범이 있습니다. 그래서 오늘 나도 흉노의 규범에 따라 이 말을 하는 것입니다."

그야말로 기상천외한 말인데 그게 뜻밖에도 자신에게 닥친 문제가 되었으니 소군은 한동안 어떻게 해야 할지 몰라서 다만 "그러나 한나라에는 예로부터 이런 습속이 없습니다."라고 한마디 했다.

조도막고가 말했다. "원래 작년 부친이 돌아가셨을 때 제가 이 문제를 그대와 의논하려 했는데, 당시 그대가 너무 슬퍼하며 상심하여 말을 꺼내지 않았습니다. 그러나 이건 흉노의 습속인데, 내 당당한 한 나라의 군왕으로서 솔선하여 이를 지키지 않는다면 어찌 여러 사람들을 복종하게 할 수 있겠습니까?"

일이 너무 갑작스럽고 너무 받아들이기 어려워 소군은 자기 아들을 꼭꼭 안고 조도막고에게 말했다. "오늘 이 일은 너무 갑작스러우니, 선우께 바라건대 우선 돌아가셔서 저에게 생각할 시간을 좀 주십시오."

선우가 말했다. "좋아요. 오늘 무턱대고 이 일을 말하여 그대도 받아들이기가 어려울 것입니다. 내 오늘은 그대와 수인사하고, 그대도 마음의 준비를 할 수 있도록 하십시다. 오늘 내가 가져온 구슬이며 보물과 선물은 바로 그대에게 보내는 예물이니, 다시 날을 잡아 그대를 맞이할 일을 의논합시다."

말을 마치자 조도막고는 부하를 데리고가 버렸다.

이날 밤 소군은 잠을 이루지 못하였다. 아들이 어머니를 처로 취하다니, 그야말로 터무니없는 일이다. 막 평온한 생활을 시작했는데, 뜻밖에도 이런 기괴한 일을 당하다니! 그러나 이미 일이 닥쳤으니 어떻게든 대처해야 했다. 소군은 이모저모 생각하다가, 한나라 황제에게 서신을 보내어 자신이 한나라로 돌아가도록 윤허해 줄 것을 청하기로 했다.

흉노에 이런 풍속이 있는 것도 사실은 일리가 있었다. 흉노는 유목

민족으로 처음에는 인구가 매우 적었다. 일개 민족이 세가 커지려면 반드시 인구를 늘려야 하며, 그래야만 충분한 인력으로 생산을 늘리고 침략을 막을 수 있는 것이다. 자기 민족을 키우고, 후대를 번성하게 하기 위해 흉노에는 "아들이 어머니를 취한다子蒸其母."는 풍속이 있었는데, 이는 척박한 자연환경에 적응하기 위한 선택으로 부득이한 면이 있었다. 이러한 풍속이 대대로 전해져 와 이미 전통이 되어 있는지라 아무도 그 합리성을 따지는 사람이 없이 그저 맹목적으로 이를 지킬 뿐이었다.

이날 밤 왕소군은 엎치락뒤치락 잠을 이루지 못하다가 결정한 후에는 밤을 새워 한나라 성제에게 보내는 서신을 써서 심복을 시켜서 밤을 새워 한나라로 보냈다.

한 달 후 한나라 성제成帝는 이 서신을 받고, 바로 대신들을 소집하여 상의했다. 당시 대신들은 왕소군을 한나라로 다시 불러들이느냐에 관하여 두 파로 갈라졌다. 한 파는 흉노의 이런 풍속은 악습이므로 서둘러 왕소군을 데려와야 한다는 것이며, 또 다른 파는 왕소군을 불러들이는 것은 조도막고를 자극하여 한족과 흉노의 우호관계를 깨뜨리게 된다는 것이었다.

성제는 심사숙고 후 왕소군을 희생시키기로 결정하여 자신이 구술하여 한통 답장을 써서 자신의 의사를 밝힌 다음 왕소군이 보내온 심복으로 하여금 소군에게 가져가게 하였다.

소군은 급하고 간절하게 기다리던 중 이런 결과에 이르자, 분하고 원통스러운 마음을 금할 수 없었다. 그녀는 정치적인 혼인이 자기가 상상하던 것처럼 그렇게 간단하지 아니하여, 개인으로서는 자기 자신을 위해서는 생각조차 할 수 없다는 것을 절절히 깨달았다.

기원전 33년 4월, 흉노 왕궁에서는 등을 달고, 오색 줄을 걸어 조도막고와 소군의 혼인식을 거행하였다. 이리하여 왕소군은 흉노의 태후에서 다시 새로운 선우의 왕비가 되었다.

소군의 죽음 : 昭君之死

왕소군은 막중한 부담을 안고, 굴욕을 견디며 자신의 의붓 아들, 즉 새로운 선우 조도막고에게 시집갔다. 비록 의붓아들이긴 하나 조도막고는 왕소군을 매우 사랑하고, 그녀의 마음을 아주 잘 이해했다. 조도막고는 소군이 걸어 온 길을 동정했으며, 그녀의 담량과 견식, 그리고 포부를 사랑하고 높이 평가했다.

소군은 비록 이번 혼사에 백 가지 불만이 있었으나, 이왕 이 남자와 함께 생활해야 하는 현실을 피할 수 없을 바에는 종일 울고불고 하는 것 보다는 이 현실을 받아들이고 잘 지내는 것이 낫다고 생각했다.

그리하여 얼마간의 마찰과 서로 적응하는 시간이 지나자 두 사람은 점차 사랑하는 감정이 생겨 부부생활이 십분 은혜롭고 사랑스러웠다. 소군은 조도막고에게 두 딸을 낳아 주었으며, 장녀는 운雲, 차녀는 당當이라 이름 지어 후에 모두 흉노의 귀족에게 시집갔다.

두 사람의 좋은 시절은 수년간 계속되었으나, 조도막고의 한 가지

용납될 수 없는 행위로 인해 파탄이 났다.

두 사람의 결혼생활이 8년이 지나자, 조도막고는 심한 천식에 걸려, 날씨만 추워지면 바로 발작했는데 흉노의 기후가 한랭하고 건조하여 천식의 치료에는 큰 어려움이 있었다. 자신의 몸이 점점 쇠약해져 가는 것을 보고 조도막고는 부득이 자신의 후계자 문제를 고려하게 되었다.

조도막고에게는 여러 아들이 있었는데, 맏아들은 진작 성인이 되어 있었으며, 조도막고가 이 아들을 매우 좋아하여 그가 왕위를 계승할 수 있기를 바랐다. 그러나 흉노의 조종의 법제에 따르면 형이 죽을 때 동생이 있으면 동생이 우선적으로 왕위를 계승하는 것으로 아들이 계승자가 되는 것은 아니었으며, 동생이 없을 때 비로소 아들에게 순서가 돌아가게 되어 있었다.

조도막고에게는 수많은 형제가 있었으며, 지아사智牙師 외에는 모두 성년이 되어 있었으므로, 조도막고가 자신의 아들을 선우로 세우고자 해도 수많은 곤란이 따랐다. 왕소군의 아들 지아사는 비록 10세에 불과하지만 총명하고, 사랑스러웠으며, 무수히 많은 책을 읽었을 뿐 아니라 무예도 상당한 경지에 이르렀었다. 그 위에 왕소군의 가르침을 받아 이 아이는 글을 닦아 무예를 감추고, 책을 읽어 이치에 밝았으며, 재주가 이미 활짝 피어나고 있어 조도막고가 가장 염려하는 형제였다.

조도막고는 비록 왕소군을 좋아했지만 철완鐵腕의 정치적 지도자로서의 면이 더욱 강했다. 조도막고는 애정에 의해 머리가 혼란해지지 않았으니, 자신이 뭘 해야 할지 분명히 알았다. 자기 아들이 왕위를 계승하는 데 장애를 제거하기 위해 그는 소군과 부친 사이의 아들 지아사를 죽이기로 결정했다.

왕소군은 조도막고가 손을 쓸 것임을 감지하고, 조도막고에게 지아사에게 독수를 쓰지 말라고 간청하기로 했다.

소군은 누렇게 뜬 조도막고의 얼굴을 바라보면서 좌우에 물었다. "오늘 선우께서 약을 드셨는가?"

좌우에서 답했다. "드셨습니다."

소군은 웃고 나서 조도막고에게 물었다. "오늘은 기분이 어떠세요. 좀 좋아지셨습니까?"

조도막고가 말했다. "많이 좋아졌어."

소군은 눈짓하여 좌우 사람들을 모두 물리고, 조도막고의 손을 끌어당기며 말했다. "소군은 선우와 같이 한지 8년이 되었으며, 선우에 대해 두 마음이 없습니다. 소군의 마음을 선우께서는 잘 아실 겁니다."

조도막고가 고개를 끄덕였다. "이 수년간, 사랑하는 비가 나를 위해 국사를 분담하여 나의 오른팔, 왼팔이 되어 주었으니, 당신의 마음을 내 당연히 잘 알지."

소군을 눈물을 머금으며 말했다. "그럼 지금 소군이 선우께 한 가지 청을 하려고 하는데 선우께서 들어주실 수 있는지 모르겠습니다."

조도막고는 한참 생각하더니 말했다. "사랑하는 비여, 개의치 말고 말해 보시오."

소군이 말했다. "신첩이 들으니 곧 태자를 세운다고 하던데, 선우께서는 어느 분 황자를 태자로 세우려고 준비하시는지요?"

조도막고는 소군의 뜻을 알고, 시간을 끌며 말하지 않았다.

소군은 그가 아무 반응이 없는 것을 보고 이어서 말했다. "비록 조종의 법제에 의하면 지아사가 계승자가 되어야 하나, 그는 아직 어리고 치국의 대임을 감당할 수 없으니 선우께서는 다른 사람을 고려하시기 바랍니다."

조도막고는 소군의 손을 쓰다듬으며 말했다. "사랑하는 비여 걱정하지 마오. 내 다 생각이 있어."

조도막고는 비록 말로는 소군을 위로했지만, 마음속으로 다른 계산이 있었다. 그는 비록 지아사가 지금은 선우가 되려는 생각이 없더라도 필경 가장 유력한 황위 계승자이므로 그를 제거하지 않으면 장성한 후에 황실과 대신들의 지지하에 정변을 일으켜 왕위를 쟁취하려 하지 않으리라고 단언하기가 매우 어렵다는 것을 너무 잘 알고 있었다.

그래서 조도막고는 1년 후 사람을 시켜서 좋은 기회를 보아 지아사가 깊이 잠든 틈에 그를 암살했다.

지아사의 죽음은 왕소군에게 더욱 큰 타격이었으니, 그녀의 인생은 한 차례, 또 한 차례 불행을 맞으며, 시운이 따르지 않으니 육친도 하나, 하나 그녀를 떠나갔다. 이제 그녀가 단 한명 의지하던 아들마저 없어졌으니, 그녀는 이 세상을 떠나고자 생각했으나 주위 사람들에 의해서 저지되었다.

지아사가 피살된 것은 일축비왕日逐比王의 공포를 불러왔다. 일축비왕도 조도막고의 형제로서 진작 성년이 되어 왕에 봉해졌으며, 흉노의 남부 수비를 맡고 있어, 그가 다음 피살자가 될 가능성이 많았던 것이다. 이 때문에 일축비왕은 자신의 부락과 몇몇 자기를 지지하는 부락을 이끌고 독립하여 스스로 선우가 되었으니 즉 남흉노이며, 이 또한 한나라에 귀부하였다. 조도막고가 이끄는 흉노는 바로 북흉노로 칭하게 되었다.

그 후 2년이 지나 조도막고도 병사하였다. 왕소군은 흉노에 와서 비록 두 남자의 사랑을 받았으나, 두 번이나 남편을 잃는 고통을 당한데다가 아들을 빼앗기는 뼈에 사무치는 일까지 당하였다. 조도막고가 죽은 후 그녀는 다시 한 번 한 황제에게 서신을 올려서 한나라로 돌아가겠다고 청원했다.

그러나 이번 청원도 여전히 윤허되지 아니하였다. 한나라로 돌아갈 수 없다는 것은 곧 소군이 어쩔 수 없이 다음 대의 선우에게 다시 한 번 시집가야 한다는 것을 뜻하니, 소군은 저도 모르게 만 가지 상념이 모두 한줌 재로 돌아가 버리는 절망감에 빠져 들었다. 다른 사람들에 의해 도구로 취급되면서 구차하게 살아가느니 차라리 깨끗하게 죽는 것이 낫다는 생각이었다.

그리하여 가을 바람이 살랑거리던 어느 날 오후, 소군은 지아사의 묘소에 갔다 온 후 독약을 먹고 자살했다. 절세가인으로서 뜻을 얻지 못하고, 연거푸 마음이 찢어지는 고통을 겪은 끝에 이 세상과 영원히 작별한 것이다.

왕소군이 어디에 안치되었는지는 이제 아무도 모른다. 지금 서북 지방에 있는 왕소군의 묘는 왕소군의 의관衣冠 묘로서 그 안에는 왕 소군이 신던 자수 놓은 꽃신 한쪽이 있을 뿐이다. 전해 오는 말로는 소군이 국경을 나서서 황하를 건널 때, 강의 물살이 급해서 소군이 타고 있던 백마가 놀라 울부짖으며 앞발을 들고 곧추서므로 소군이 황급히 고삐를 당겼는데, 뜻밖에도 신고 있던 한쪽 꽃신이 물속으로 떨어졌다. 소군과 호송하는 부대가 떠난 후 현지 백성들은 분분히 강 으로 들어가 뒤져서 마침내 그 수놓은 꽃신 한쪽을 찾았다. 백성들은 이 신발이 길하고 상스러운 물건이라 여겨 땅 속에 묻어 두었는데, 소군이 세상을 버린 후 이곳도 소군의 묘로 개조되었던 것이다.

소군의 묘는 본래 이름이 없었으나, 두보杜甫가 후일 "푸른 묘만 홀로 남아 황혼을 바라고 있네独留青冢向黄昏."라는 시구를 남기자, 후세 사람들이 이곳을 청총青冢*이라 부르게 되었다.

보통 민간의 여자로서 흉노의 왕비가 되었지만, 왕소군은 자신의 일생을 불만스럽게 생각했다. 왕소군은 큰 뜻을 품은 여자였으나 권세가 없고, 권세에 기댈 줄도 몰라서 절세의 인물로 재주를 겸비하고도 황제의 관심과 사랑을 받지 못하였던 것이다. 후일 흉노의 왕비가 되어 선우의 지극한 사랑을 받았으나, 흉노의 습속에 얽매여 자신의 의붓아들에게 시집을 가고 다시 아들을 잃었으니 그녀가 받은 심적 타격은 심대했다.

....
* 푸른 묘라는 뜻이다.

한나라와 흉노의 관계에 대해 말하자면, 소군의 희생은 실로 수십 년의 평화를 가져왔다. 소군은 흉노에 온 후 한족의 선진 문물을 전파하여 흉노 백성들의 존경과 사랑을 받았으며, 한과 흉노 간에 전쟁이 다시는 일어나지 아니하여 백성들은 편안하게 살면서 즐겁게 생업에 종사하였고, 한나라는 국력을 회복하고 크게 발전할 수 있었으니 소군이 국경을 나선 것昭君出塞은 천고에 전해지며 칭송되는 아름다운 이야기이다.

문성공주

그녀는 가짜 공주이며, 공주의 명의로 토번(吐蕃)에 화친을 위해 보내졌다. 그녀는 토번에 중원의 문명을 가져다주었으며, 또 토번의 찬보(贊普)에게 애정을 가져다주었다. 그녀는 아름답고 풍만했으며, 온화하고 현숙하여 토번의 찬보가 깊이 빠져 들었다. 그녀는 책을 많이 읽어 사리에 밝았으며, 박학다재하여, 찬보를 도와서 토번의 경제와 문화를 빠른 속도로 발전시켰다. 그녀는 대의를 깊이 통찰하고, 천하에 어머니 같은 사랑을 펼쳐서 장족(臟族) 사람들의 마음속에 여신으로 남았다.

- 문성공주(?~서기 680년)

문성공주
文成公主

문성공주의 신상에 대한 수수께끼
文成公主身世之迷

중국 역사상 중앙왕조의 통치자들은 정치적으로 변경지역 소수민
족의 상층부와 연맹을 공고히 하여, 변경지구에 대한 통치를 강화하
거나 변경지역의 사회질서를 안정시키기 위해서 가끔 화친을 위해
혼인으로 관계를 엮는 정책을 썼다.

당나라 시대에 화친의 대임을 맡은 공주나 준準공주는 모두 18명이
었다.

당조唐朝에서 첫 번째 화친외교 정책을 집행한 공주는 정관貞觀 14
년(서기 640년) 토욕혼吐谷渾*의 왕 락갈발諾曷鉢에게 시집간 홍화공주弘

化公主이다.

　토욕혼은 고대 소수민족 모용선비慕容鮮卑의 일파로서, 후일 동서로 분열되었다. 모용순慕容順은 동부 토욕혼을 이끌고, 복사성伏俟城,** 부근에서 세력을 키워서 건국하고 당나라에 귀부했다. 모용순이 죽은 후 그의 아들 락갈발이 이를 계승하니 당 조정은 다시 그를 토욕혼의 왕으로 세웠다. 토욕혼의 왕은 당나라 역법曆法을 공포하고, 당의 연호를 썼다. 정관 10년(서기 636년) 토욕혼의 왕은 장안으로 가 당 태종에게 청혼했는데, 태종은 종실의 홍화공주를 그에게 시집보내도록 허락했다. 홍화공주는 사실 황제의 친딸이 아니나, 화친을 위해서 그에게 공주라는 감투를 씌운 것이었다. 정관 13년(서기 639년) 겨울 락갈발은 장안에 와서 공주를 처로 맞이했으며, 이듬해 2월 당 태종은 장군 이도명李道明을 시켜서 이들을 호송하게 하고 많은 양의 귀중한 혼수를 함께 보냈으니, 이후 토욕혼과 당조의 관계는 더욱 친밀해졌다.

　당조에서 화친으로 보내는 공주라면 도리상 당연히 황제의 딸이어야 할 것이나, 북방의 편벽한 지방이나 야만적인 부락에 시집가는 것이 어찌 부모 신변에 있는 것처럼 좋겠는가? 황제가 자기 친딸을 가슴 아프도록 사랑하고 공주 또한 부모 곁을 떠나고자 하지 아니하니, 이 때문에 당조 중기 이후의 공주들은 한명도 멀리 시집가지 아니하였고, 조정 대신의 딸들이 이 공주를 대신하여 시집을 가게 되었다.

---

* 당나라 시대 오늘날의 감숙성(甘肅省), 청해성(靑海省) 일대에 건립된 소수민족 국가, 그 기원은 요동의 선비(鮮卑)족 모용(慕容) 부족에서 비롯되었다고 한다.

** 오늘날의 청해성 공화현(共和縣) 지역을 말한다.

당조에서 화친을 위해 보낸 공주로서 유명한 사람으로는 토번吐蕃*에 시집간 문성공주와 금성공주金城公主가 있는데, 이들도 홍화공주와 마찬가지로 황제의 친딸이 아니었다. 두 공주는 전후로 70년의 시차가 있었으나, 당시 당조는 불교를 신봉하는 국가였으므로 각자 석가모니상과 대량의 불경을 가지고 서장西藏**으로 들어가 뒷날의 티베트 불교에 큰 영향을 끼쳤다.

문성공주는 도대체 누구의 딸인가? 역사상 기록은 남아 있지 않다. 당시 당 고조 이연李淵에게는 19명의 딸이 있었고 당 태종 이세민李世民에게도 21명의 딸이 있었는데 어려서 요절한 사람을 빼놓고는 모두 문헌상에 기록이 있는데 하나같이 당조의 신하들에게 시집갔었다. 문성공주에 대하여 알려져 있는 것은 그녀가 당종실의 딸이라는 것뿐이니 성은 의당 이씨일 것이다. 그러면 황제의 질녀인가? 관례에 따르면 친왕親王***의 딸도 전적典籍에 기록이 있기 마련인데, 역사상 이 부분에 대한 기록도 없다. '종실녀宗室女'의 신분으로 기재되어 시집간 것으로 볼 때 아마도 황실의 비교적 먼 종친일 것이며, 그녀 부친의 지위가 그리 높지 않았으나 화친이라는 일의 중대성으로 인해 그녀를 파격적으로 공주에 봉하였으리라. 또 그저 '종실 출신 여자宗室出女'라고만 하는 것으로 보아 어떤 공주의 딸이거나, 왕자의 외손녀일지

---

* 오늘날의 청장고원(靑藏高原)에 자리 잡고 당대에 건립된 소수민족의 국가. 청장고원은 서장성(西藏省 : 티베트) 전부와 청해성(靑海省) 반 이상 및 사천성(四川省)과 신강성(新疆省) 일부를 포함하는 면적 250만km², 평균 고도 4500m의 세계 최고의 고원이다.

** 티베트를 말한다.

*** 황제의 아들을 말한다.

도 모른다.

문성공주가 시집간 왕은 토번 왕국의 초대 왕 송찬간포松贊干布였다. 출가할 때 격을 매우 높여서 예부상서禮部尙書 강하왕江河王 이도종李道宗이 혼사를 주관하고, 공주가 토번까지 시집가는 여정에도 그들이 함께하였다. 그 대오는 굉장하였으며, 혼수로 대단히 많은 양의 석가불상이며 진귀한 보석과 360권의 경전을 포함하여 그 외에도 수많은 서적, 음식, 단자緞被와 약처방藥方이며 기기器械를 함께 가져갔다. 송찬간포는 이 공주의 신분에 대해 추호도 의심하지 않고, 친히 부하들을 인솔하여 하원河源에 이르러 주혼자主婚人*를 만나 사위로서 예를 갖추어 깍듯이 인사했다. 이도종은 관직이 정삼품에 불과하였으나, 토번의 송찬간포는 오히려 사위의 예를 다하여 그를 맞이하였으니 송찬간포가 문성공주의 신분을 의심하지 않고 당 태종의 친딸을 맞이한다고 여겼던 것이 분명하다. 후일, 송찬간포는 문성공주의 진짜 신분을 알았지만 그녀를 나무라지 않고 서로 사랑하여 당과 토번의 우호관계에 적지 않은 공헌을 했다.

그 후 화친을 위해 보내지는 공주는 황제의 딸이 아님을 더 이상 감추지 않았으니, 예컨대 금성공주가 티베트에 갈 때 그녀는 옹雍왕 이수례李守禮의 딸이라고 밝혔다고 한다. 이는 당 중종中宗 때로 중종이 친히 손녀뻘 되는 금성공주를 시평현始平縣까지 데려다주고, 다시 좌위대장군左衛大將軍 양구楊矩로 하여금 토번까지 데려다 주게 했다.

------

* 혼인을 주재하는 사람을 뜻한다.

금성공주는 당과 토번 간의 화목한 관계를 조성했으나, 일시적인 평화에 그쳤다. 토번이 강성해지자 야심이 갈수록 커져서, 후일 당나라로 쳐들어갔던 것이다.

찬보의 구혼 : 贊普的求婚

토번은 중국 고대 장족藏族*의 정권으로 서기 7세기부터 9세기까지 청장고원靑藏高原에 있었다. 토번 사람들은 유목을 주업으로 생활하였으며, 야크, 말, 단봉낙타를 키우고, 더러는 쌀보리와 메밀을 뿌려서 걷기도 했다.

7세기에 송찬간포는 왕위를 계승하여 찬보贊普**가 되었다. 송찬간포의 부친 낭일론찬曩日論贊은 많은 일을 한 찬보였지만 당시 내부 분열이 심해서 왕위를 계승한 지 오래지 않아 피살되었다. 부친의 영향을 받아서 송찬간포는 어릴 때부터 이미 비범한 재능을 보였다. 부친이 원수들에 의해서 독살된 후 13세에 찬보의 지위를 계승한 그는 한편으로 흉수를 찾아내고, 한편으로는 군대를 훈련한 다음 신속히 각지의 반란을 진압하여 전후로 주변의 소비蘇毗, 다미多弥, 백란白蘭, 당항黨項, 양동羊同 등의 부족을 모두 복속시켰다.

송찬간포는 왕권 확립에 힘을 다하여, 찬보가 중심이 된 고도의 중

* 티베트인을 말한다.
** 토번의 최고 통치자에 대한 호칭으로 제정을 겸하는 다소 신격화된 왕으로 볼 수 있다.

앙집권적인 완벽한 정치, 군사기구를 수립하였다. 동시에 그는 법률과 세제를 제정하고, 현명한 대신을 기용하여 백성들이 선진 생산기술을 배워서 운용하도록 장려하는 수많은 조치를 시행하여 농목업 생산력을 발전시켜서 토번의 사회경제와 인민생활이 신속히 고속성장의 궤도에 오르도록 했다. 송찬간포는 당시 대당 왕조의 국력이 강성한 것을 보고, 당나라와 우호관계를 진일보 발전시키고자 했다.

당 정관 8년(서기 633년), 당 왕조와 토번은 외교관계를 수립하고 상시 사자들이 서로 방문하기에 이르렀다. 한번은 송찬간포가 당나라 사자와 이야기하던 중 돌궐과 토욕혼이 모두 당의 공주와 혼인하여 화친을 맺었다는 말을 들었는데 그 외에도 사적으로 당나라 여자들이 아름답고, 기품이 있어 투박하고 심지어 야만스럽기까지 한 토번의 여자들과 다르다는 말도 듣게 되자 당나라와도 더욱 친밀한 관계를 가지고 싶었던 그는 자신도 당의 공주와 혼인하기를 바라게 되었다. 그러나 송찬간포의 이런 행복한 소망은 바로 이루어지지 않고, 여러 곡절을 거쳐 세 번이나 구혼한 끝에 이루어졌다.

첫 번째 구혼은 정관 10년 때의 일로 송찬간포는 대량의 금은보석과 함께 사자를 장안으로 보내서 당 태종에게 구혼하였다.

장안에 와서 보니 처음에 당 태종은 토번에게 매우 잘 대해 주고, 토번에 공주를 시집보내겠노라고 속 시원하게 승낙하고 많은 선물을 그 사자에게 하사하였으나, 바로 이때 방해군이 등장했다. 토욕혼의 사자도 구혼하러 왔는데, 그는 가만히 당 태종에게 말했다. "토번의 찬보 송찬간포는 매우 야만적인 사람으로 첫 번째 왕비 척존공주尺尊

^{公主}도 강탈해 온 것입니다." 당 태종은 여식이 토번에 가서 시달리며 고생할 것을 걱정하게 되었고 그래서 토번의 예물이 너무 적다는 핑계로 혼사를 취소해 버렸다.

토번의 사자는 매우 화가 나서 돌아가 송찬간포에게 이를 그대로 보고했다. 토번과 토욕혼은 원래부터 마찰이 있어 온 터라, 송찬간포는 사자의 보고를 듣고 더욱 토욕혼에 대해 원한을 가지게 되어, 즉시 20만 대군을 일으켜 토욕혼으로 출병하였다. 토욕혼의 왕은 토번의 공세가 맹렬하여 막을 수 없음을 보고, 환해^{環海} 일대까지 물러갔다.

당 왕조에 대해서도 송찬간포는 매우 불만이었으니 체면을 구겼다고 여겼을 뿐 아니라, 이 구혼에 자신은 국가대계를 걸고 있었기 때문이었다. 그는 공주가 당의 선진 문화를 이 설원으로 가져와 자신의 무공에 이어서 문치를 완성하겠다는 꿈을 꾸고 있었던 것이었다. 구혼해서 되지 않으면, 혼사에 응하도록 압박하는 수밖에 없었다. 이를 위해 그는 척존공주를 취^娶할 때 써 먹었던 낡은 수법 ─ 애당초 네팔국의 왕은 공주를 그에게 시집보내지 않으려고 했으나, 송찬간포가 5만 병마로 네팔을 초토화하겠다고 위협하여 강제로 결혼하는 데 성공하였다 ─ 을 다시 썼다.

그래서 송찬간포는 토욕혼을 패퇴시킨 승세를 타고, 당의 국경 안 송주^{松州}에까지 이르러, 한편으로 자신의 실력을 과시하고, 한편으로는 영토를 좀 더 개척, 확장해 보고자 시험해 봤다. 이어서 그는 다시 사자로 하여금 진상품을 들고 장안으로 가서 구혼을 하게 하였다. "내가 야만스럽다고? 그럼 내 다시 한 번 강제로 혼인하지!" 다시 사람을 보내 "만약 공주를 나에게 시집보내지 않는다면 나는 병력을 이끌고 장안까지 갈 것이다."라고 말하며 당 왕조를 위협했다.

그러나 당 왕조는 그렇게 우습게 볼 수 있는 상대가 아니었다. 당 태종은 화가 나서 승낙하지 않았을 뿐 아니라, 병력을 일으켜 후군집侯君集을 미도행군도총관弥道行軍大總管으로, 집실사력執失思力을 백란도행군총관白蘭道行軍總管으로, 우무위대장군右武衛大將軍 우진달牛進達을 활수도행군총관闊水道行軍總管으로, 좌영군장군左領軍將軍 유란劉蘭을 조하도행군총관洮河道行軍總管으로 삼아 5만 병력을 인솔하여 20만 토번군을 토벌하라고 정식으로 명령했다.* 이때의 당군의 전법은 매우 훌륭하여 토번의 군사는 여지없이 패퇴했다.

송찬간포는 머리를 숙이고 칭신稱臣하는 수밖에 없어, 사자로 갈이동찬噶尔東贊을 당 왕조에 보내 사죄하였다. 그는 글을 올려 사죄하는 동시에 대당의 강성함을 찬양하며 숭상하는 한편, 뜻을 굽히지 않고 세 번째로 청혼의 말을 꺼냈다. 이것이 바로 그 유명한 '당 태종이 구혼 사절에 내린 다섯 가지 난제에 관한 고사唐太宗五难求婚使的故事'이다.

갈이동찬은 송찬간포 시절 중신의 한 명으로 지대한 공을 세웠으며, 여러 해를 대륜大倫**의 자리에 있으면서 송찬간포의 첫 번째 왕비 척존공주에게 구혼하고, 공주를 맞이해 오는 일도 모두 그가 사자로서 해온 일들이었다. 갈이동찬은 매우 총명한 사람이었다. 토번과 당조가 막 전쟁을 치른 터라, 태종은 아직도 화가 가라앉지 않아서

----

* 조하와 백란은 지명이며, 활수도 지명으로 보인다.
** 재상에 해당한다.

여러 가지로 그를 곤란하게 했으나, 갈이동찬은 모두 교묘하게 응대해냈다. 갈이동찬이 계속 혼사를 제기할 때, 당 태종은 그를 한 번더 곤란하게 하고 싶어했다.

당시에 당조에 구혼하러 온 자로는 갈이동찬 외에도 인도, 페르시아, 거사格薩, 타타르* 등의 사신이 있었는데, 태종이 말했다. "여기 구혼하러 온 사람이 네 한 사람만이 아니니, 이렇게 하자. 즉 내가 몇가지 문제를 내서 너희들을 시험할 테니 어느 나라 사신이든 가장 많은 답을 맞힌다면 바로 그 나라에 공주를 시집보내기로 하지."

당 태종은 한편으로 사람에게 명하여 문제를 내고, 한편으로는 공주를 물색했다. 당조에서 진짜 공주는 멀리 시집가려 하지 않아서 화친의 사명은 통상은 모두 공주의 사촌 자매들이 완수했다. 당 태종은 자신의 친딸들이 아까워서, 황실 종친 중에 교양 있고, 아름다우며, 온유한 여자를 골라서 공주로 책봉해서 화친의 임무를 맡겨서 보냈다. 이번에 이런 식으로 선발된 것이 바로 문성공주였다.

다음날 당 태종은 다섯 곳에서 온 사신들을 소집해서 궁녀를 시켜서 문제를 주고, 시합을 시작했다. 당 태종이 낸 문제들은 천문지리나, 음악, 바둑, 서화에 대한 것이 아니라 지혜에 관한 문제였다. 갈이동찬은 극히 총명한 사람이어서 모든 문제를 대답해냈다.

첫 번째 문제는 아홉 구비로 구부러져 있는 진주 구멍에 실을 넣어꿰는 것이었다. 다른 사신들은 모두 실을 통과시키지 못했으나, 갈이

---

* 북방 유목민족으로 명대에는 동몽골인을 이렇게 불렀다.

동찬은 개미의 허리에 실을 묶어 진주 구멍 앞에 놓고, 입김을 천천히 불어서 개미로 하여금 기어가게 하여 실을 꿰었다.

당 태종은 하하 크게 웃으며, 갈이동찬에게 고개를 끄덕였다.

그리하여 궁녀가 그 다음 문제를 냈다. "어마원御馬苑에 백 마리의 망아지가 왼쪽 마구간에 갇혀 있고, 백 마리의 어미 말이 오른쪽 마구간에 갇혀 있다. 백 마리의 망아지들에게 그 어미말을 찾아줄 좋은 방법을 제시해 보라."

이때 위구르 사신과 토번 사신이 모두 손을 들었다. 위구르 사신이 말했다. "백 마리의 망아지를 한 마리씩 죽이면 어미말은 자기 새끼의 슬픈 울음을 듣고, 반드시 괴롭게 울 것입니다. 이렇게 하면 새끼말과 어미말을 하나씩 가려 낼 수 있습니다."

갈이동찬은 듣더니 슬며시 웃으며 일어서서 태종에게 말했다. "황제께 아룁니다. 토번의 사신은 문제를 해결할 더 좋은 방법이 있습니다."

태종이 말했다. "어디 말해 보게."

갈이동찬이 말했다. "새끼말을 하루 종일 굶긴 다음 풀어 놓으면 새끼말은 반드시 어미말에게로 뛰어와 젖을 먹을 것입니다. 이렇게 하면 새끼 말을 죽이지 않고도 어미 말과 함께 하게 할 수 있어 황제의 관후인자함을 보여 주는 것이 되니 달리할 이유가 어디 있겠습니까?"

당 태종은 수염을 쓰다듬으며 말했다. "이 방법이 아주 묘하군. 다음 문제를 내 보아라."

세 번째 문제는 각국의 사신들에게 백 마리의 양과, 백 독의 술을 주어 양을 죽여서 가죽을 벗기고, 고기를 다 먹고, 껍질을 다 모으며 술도 다 마시는 것이었다. 다른 사신들은 더러는 고기를 다 먹기도 전에 술에 곯아떨어지고, 더러는 껍질을 다 모으기도 전에 지쳐 쓰러졌으나, 갈이동찬만은 데려온 부하들에게 명하여 작은 잔으로 천천히 술을 마시고, 고기를 먹으면서 한편으로 껍질을 모으더니 결국 황제가 부여한 임무를 완성했다.

당 태종은 각국 사신을 보더니 즐거워서 하하 크게 웃었다. 그런 다음 다시 백 개의 줄기와 가지가 다 같이 굵은 나무몽둥이를 가져오게 해서 사신들에게 줄기 쪽과 가지 쪽을 알아맞히게 했다. 갈이동찬은 몽둥이를 물에 넣어 머리 쪽은 무겁고, 꼬리 쪽은 가벼워서 무거운 쪽은 가라앉고, 가벼운 쪽은 위로 뜨는 이치를 이용하여 문제를 정확하게 알아 맞혔다.

당 태종은 하하 크게 웃었다. "이 방법이 아주 좋군. 마지막으로 한 문제가 더 있다." 이때 똑같이 치장한 30명의 궁녀가 걸어 나왔다. "여기 30명의 미인이 있는데, 그중 한 사람이 문성공주이다. 자네들이 일각劇* 내에 문성공주를 찾아보게나."

다른 사신들은 모두 얼떨결에 반나절을 찾다가 한명씩 골라냈는데, 갈이동찬은 그들이 찾기를 기다려서 태종에게 말했다. "찬보께서는 문성공주의 방명芳名을 오래 전부터 듣고 사모해 왔습니다. 문성공주는 황궁에서 태어나서서 자연히 기품과 절도가 범상하지 아니하고,

---

* 일각(一刻)은 15분에 해당한다.

용모와 재주가 절대적인 분으로 여기 있는 무리와는 다를 것입니다. 신은 이미 찾아냈습니다."

당 태종은 괴이하게 생각하여 말했다. "그래? 맞혀 보거라. 짐이 한번 보지."

갈이동찬이 말했다. "공주께서는 좋은 일이 오는 것을 알고 이마에 홍반이 나타나며, 몸에서 상서로운 기운이 나오니 몸 뒤에 호랑나비가 날아듭니다."

태종과 무리의 궁녀가 분분히 문성공주를 보니 문성공주는 이마를 만지며 저도 모르게 예쁘게 웃었다. 원래 갈이동찬은 일찍이 문성공주였던 시종을 찾아 공주의 모습과 특징에 대해서 탐문해 보아 공주의 눈썹 사이에 주홍색 반점이 있는 것을 알았기에 재빨리 찾아낸 것이었다.

당 태종은 가가대소하면서 말했다. "토번의 사신이 과연 기지가 비범하니, 생각건대 찬보는 더욱 총명하리라. 이미 토번의 사자가 어려운 문제를 하나하나 다 풀어냈으니, 문성공주는 토번의 찬보에게 시집보내도록 하지."

갈이동찬은 원만히 임무를 완수하고, 크게 기뻐하며 문성공주를 호송하여 토번으로 돌아갔다. 전체적으로 볼 때 갈이동찬이 임무를 너무 원만하게 완수하고, 그 재주로 문제를 너무 잘 풀었던 데다가, 그 자신 또한 토번의 대륜이었기에, 당 태종은 그를 매우 높이 평가하여 우위대장군右衛大將軍에 봉하고, 나중에는 자신의 외손녀 단段씨를 공주로 책봉하여 갈이동찬에게 시집보냈다.

문성공주 티베트에 들어가다 ┆ 文成公主入藏

당시 토번의 문화가 상대적으로 낙후되어 있었으므로, 당 태종은 문성공주를 위해 많은 혼수를 준비했다. 그중 가장 진귀한 혼수 중 하나가 바로 석가모니 12세 등신상等身像이었다. 당 태종은 그 외에 자신의 친척 동생인 예부상서禮部尚書 강하왕江夏王 이도종李道宗으로 하여금 주혼사절主婚使節로서 공주를 호송하게 했다.

두 달여의 준비 끝에, 정관 15년 한겨울 문성공주를 시집보내는 행렬이 이도종의 인솔하에 십분 장관을 이루며 토번을 향하여 출발했다.

엄동설한에 출발한 이유는 장안에서 토번까지는 1개월여의 여정으로, 물살이 급한 큰 강 몇 개를 건너야 하는데 한 겨울에는 강물이 평온하고 따뜻해서 문성공주의 호송 행렬이 통과하기 쉽기 때문이었다.

이 무리의 사절단은 풍부한 혼수 외에도 대량의 서적, 악기, 비단과 양식 종자를 가져갔으며, 사절단에는 문성공주를 따라가는 시녀들 외에도 일군의 문사, 악사와 농업기술자들이 있었으니, 가히 '문화방문단'이며, '농업기술대'와 같았다. 문성공주는 가는 곳마다 많은 고사를 남겼다.

가장 유명한 고사는 청해호青海湖의 유래이다. 청해호는 한나라 시대에는 서해西海로 불렸는데, 그것은 해양에서 멀리 떨어져 살면서 바다를 보지도 못한 그곳 사람들이 아득히 먼 큰 바다大海를 동경하여 고원의 호수들은 거의 모두 바다 해海를 사용하여 이름을 지었기 때문이다.

한 왕조 때의 청해는 전설에 나오는 옛날 옛적 아름다운 구슬의 호수*이며, 중국의 역대 황제나 왕공들이 제사 지낸 성스러운 호수**였다.

문성공주가 서쪽으로 시집갈 때 당 태종은 공주가 지나치게 고향을 그리워하지 않게 하기 위해서 특별히 그녀에게 보경寶鏡***을 하사하였는데, 이로써 그녀는 어디에 있더라도 거울 속에서 장안의 경치와 모습을 선명하게 볼 수 있었다. 또 황금으로 해와 달 모양으로 주조한 두 개의 거울을 보경과 함께 하사하였다. 시집보내는 거마 부대가 당과 토번의 경계 지점에 와서, 가마를 버리고 말을 타고자 준비할 때 문성공주는 다시 한 번 보경 속의 고향의 경치며 모습을 들여다보고는 저도 모르게 온 얼굴에 눈물을 흘렸다. 고향에 대한 그리움을 단절하고, 오로지 앞으로의 삶을 잘 살아가기 위해서 강인한 문성공주는 보경을 가져가지 않고, 산골짜기에 버렸다. 바로 이 산골짜기에서 보경은 아름다운 호수가 되었고, 황금으로 주조한 일월거울은 일월산이 되었다. 당 현종이 이 호수를 '청해호'라 명명한 것은 후일의 일이다.

문성공주는 걸으면서 눈물을 흘렸는데, 눈물이 흘러서 청해성 동부 해남海南 장족자치주藏族自治州 내의 도상하倒淌河*가 되었다. 일반적으

---

* 요지(瑤池)를 말한다.
** 원문은 성호(聖湖).
*** 보배로운 거울이라는 뜻이다.

로 동서로 흐르는 강은 모두 서에서 동으로 흐르는데, '도상하'만은 그렇지 않다.

또 하나의 고사가 있는데, 그것은 문파족門巴族에 관한 것이다. 문파족은 티베트 임지지구林芝地區에 있는데, 여자들이 양의 껍질을 찢어서 장식품으로 걸치는 풍속이 있어서 어린 여자들은 양꼬리와 네 다리가 온전히 있는 어린 양피를 걸치고, 성년 여자들은 송아지 가죽이나, 산양 가죽을 걸쳤는데 이 또한 문성공주와 관계가 있다. 들리는 말로는 그녀가 티베트에 들어갈 때 나쁜 기운을 피하려고 몸에 수피獸皮를 걸쳤는데, 후에 이 지방을 지날 때 썼던 수피를 문파족 시녀에게 하사하였던 것이 지금까지 습속으로 전해져 온다고 한다.

대오가 청해성 황중현湟中縣에 이르자, 따라오던 대다수 시녀들이 모두 고산병 증상을 보여서 도저히 계속 전진할 수 없었다. 문성공주는 자신을 따라 앞날을 예측할 수 없는 라사拉薩**로 향해 가는 자매들의 괴로움을 차마 두고 볼 수 없어, 그 자리에서 명을 내려 시녀들로 하여금 현지에서 신분이 낮은 사람들에게라도 시집가도록 했다. 이들 시녀들은 모두 전국각지에서 선발되어 온 미녀들이어서, 황중지방에 미녀들이 많다는 전설도 이에서 비롯된 것이다.

일 개월여의 기간 동안 바람을 마주하고 눈을 맞으며 산을 넘고 강을 건너는 고난 끝에 꽃 피는 따뜻한 봄날 문성공주 일행은 황하黃河의 발원지 ─ 하원河源에 도달했다. 이곳은 수초가 무성하고, 소와 양

....
* 거꾸로 흐르는 강이라는 뜻이다.
** 티베트의 수도이다.

이 무리를 이루고 있다가도 한순간 연도沿途에 일어나는 황사로 앞이 아득해지는 황량한 풍경으로 사람들을 두려움에 떨게 했다. 오는 길에 험준한 토번의 지세 때문에 줄곧 많이 걱정하던 문성공주도 이때에는 한숨 돌렸다. 그래서 일행은 여기서 수일간 휴식하며 정돈했다.

어느 날 이른 아침 문성공주는 비몽사몽간에 시녀가 깨우는 소리를 들었다. 시녀는 흥분해서 말했다. "공주님, 찬보 대인이 오셨어요."

문성공주는 황급히 일어나 시녀로 하여금 자신을 정성껏 화장하게 하고, 거울 속의 자신을 보며 가만히 중얼거렸다. "그가 드디어 왔구나. 그는 어떤 사람일까? 전해지는 말처럼 정말 거칠고 투박한 사람은 아닐까?"

문 밖의 송찬간포는 이미 오랜 시간을 기다렸었다. 그는 이번 일에 정성을 들여 준비하여 성의를 표시하였으니, 특별히 명하여 장안에서 가져온 한족 신랑이 결혼할 때 입는 의복과 모자를 착용하고, 당 왕조의 사위가 장인을 대하는 예의와 격식으로 송혼사절送婚使 이도종에게 인사하였다. 수인사 후 이도종은 문성공주와 송찬간부에게 상견례를 하도록 청했다. 송찬간포가 바라보니 문성공주가 점잖고 의젓하게 나오는데, 몸에는 화려하고 아름다운 예복을 걸치고 있는데다가 신비스런 자태는 단정하면서도 기품이 있으며 우아한 것이 과연 태평성대 당나라의 금지옥엽金枝玉葉으로 투박하고 촌스러운 구석은 한 점도 없었다. 송찬간포는 자신도 모르게 미소를 지었다.

문성공주는 살며시 고개를 들고 눈앞에 자신에게 허여된 사내를 보고는 내심 놀라 가슴이 콩닥거렸다. 눈앞의 이 찬보를 보아하니 정말로 사나이다웠던 것이다. 그는 거무스레하고 거칠고 투박한 것이 완연히 고원의 뜨거운 태양과 광풍이 빚어낸 모습이었으며, 큰 키와 우람한 신체, 그리고 눈언저리에 스며나는 호쾌한 기상은 십분 영웅다운 모습을 보여 주고 있었다. 일찍이 이 찬보가 젊고 유망하다고 들었으나, 오늘 보니 정말 기상과 절도가 비범했다.

그러나 문성공주의 얼굴을 붉게 만든 것은 이러한 겉모습보다 그의 애정이 가득한 눈빛이었다. 문성공주는 부끄러워하며 고개를 숙이며, 마음속으로 생각했다. "보아하니, 매우 호의적이네. 성격도 온화한 사람이면 좋겠는데!"

하원은 뤄쎄邏些*로부터 그렇게 먼 곳이 아니어서, 신부를 보내고 맞이하는 대열이 하나가 되어 함께 서西로 향해 가니 오래지 않아 뤄쎄에 도착했다. 보내는 부대와 맞이하는 부대가 앞뒤로 호응하고, 사방으로 위풍을 떨치며 뤄쒜성에 들어섰다. 토번의 신민들은 성대한 환영식을 거행했는데, 이 날은 티베트력藏曆 4월 15일로 이후 티베트족의 전통적인 명절 중의 하나가 되었다.

얼마간의 안정 기간을 거친 다음 이도종의 주재하에 송찬간포와 문성공주는 한족의 예법에 따라 성대한 결혼식을 올렸고, 뤄쒜성의 모든 민중은 그들의 찬보와 부인을 위해서 노래하고 춤을 추며 경하했다.

송찬간포는 예식 중 기뻐하며 이도종에게 말했다. "내 오늘 대당의

---

* 오늘날의 랏쌔(拉薩)를 가리킨다.

공주를 처로 얻게 된 것은 참으로 행운이요. 내 공주를 위해서 후대 사람들에게도 보여줄 만한 화려한 궁전을 지을 것입니다."

이 궁전이 바로 뿌달라布達拉 궁이다.

뿌달라 궁에는 모두 천 개의 궁실이 있어, 풍요롭고 화려함이 장관을 이루었다. 송찬간포는 문성공주가 기뻐할 수 있도록, 당나라로부터 전문적인 화공을 초빙하여 심사숙고하여 구도가 정교하고, 인물이 살아 있는 듯 생생하고 색채가 곱고 선명한 벽화를 그리게 했다. 궁안의 집들은 크고 화려했으며, 정자는 아름답고 운치가 있었고, 그외에 푸른 파도가 넘실대는 연못을 파고, 아름다운 꽃나무를 심었다. 모든 것은 대당 궁전의 모양과 격식을 모방하여 문성공주가 안정을 취하여 고향을 그리워하는 마음을 달랠 수 있도록 했다.

문성공주의 걱정은 기우였다. 송찬간포는 비록 보기에 거칠고 투박하지만 기실 매우 점잖고 고상한 왕으로 문성공주에 대해서는 특히 세심하고 살갑게 대했다. 문성공주와 더 많은 공통의 언어를 가지고자 송찬간포는 문성공주로부터 열심히 중국어를 배우고, 몸에 밴 가죽옷을 벗어 던지고 문성공주가 직접 손으로 바느질한 당나라식 비단 옷으로 바꿔 입었다. 이리하여 이족 부처異族 夫妻는 감정적으로 융화되면서, 서로 사랑하고 공경하며 그들의 새로운 생활을 시작했다.

뿌달라궁에 오니 바로 나의 집에 온 것이다

來到布達拉, 來到我的家

문성공주와 송찬간포는 결혼 후 서로 존중하기를 손님 대하듯 하고, 서로 양보하여 매우 화목했다.

문성공주는 권력욕이 강한 사람이 아니어서 후궁의 미인들과 질투하고 다투지 아니하였으며, 행동거지가 기품이 있어 송찬간포로 하여금 크게 안심하게 하였다.

문성공주가 성심으로 정답게 송찬간포를 대하니, 고원지방에서 자라 온 토번의 찬보는 한족 여성의 수양과 따뜻한 마음씨를 온몸으로 깊이 느끼고, 문성공주를 더욱 귀하게 여기며 사랑했다.

문성공주는 많은 책을 읽어서 나라를 다스리는 데에 대해서도 분명한 견식이 있었다. 그녀는 토번의 백성들의 사정을 살펴보고 토번을 다스리는 데 대해 수많은 가치 있는 건의를 했다.

토번 사람들에게는 매일 아침, 적갈색 흙을 뺨에 바르는 전통적인 습관이 있었는데, 전해지는 말로는 그렇게 함으로써 나쁜 기운을 쫓아내고 마귀를 피한다는 것이다. 처음에는 그녀도 이곳 사람들이 자신을 환영하기 위해 일부러 그렇게 한다고 생각했는데, 그 뒤에도 그들이 매일 이렇게 하고 때로는 송찬간포까지도 이렇게 하는 것을 알고 그녀는 매우 이상하게 여기었다. 문성공주는 대신을 불러서 이런 습속의 유래를 자세히 물어 보아 이를 완전히 파악한 다음 그렇게 할 이유가 없을 뿐 아니라 비위생적이기도 한 비속한 민간의 풍습임을 알았다. 그리하여 그녀는 이곳 사람들이 이런 습관을 고치는 데 기여하기로 했다.

이날도 송찬간포는 뺨에 흙을 칠하고, 밤에도 이를 씻지 않은 채 공주의 침궁으로 들어와 공주를 놀라게 했다. 그녀는 사람을 불러 세숫물을 가져오게 한 다음 자기 손으로 그의 얼굴에 칠해진 흙을 씻기면서, 한편으로 물었다. "찬보는 오늘 이런 흙을 바르면서 느낌이 불편하지 않던가요?"

송찬간포가 대답했다. "처음에는 좀 불편했는데, 곧 습관이 되었어."

문성공주는 수건으로 송찬간포의 얼굴을 가볍게 닦았는데, 그것은 피부가 과민하여 붉은 부스럼이 나 있었기 때문이다.

"보세요, 여긴 다소 과민해요. 이러면 피부에 얼마나 안 좋아요? 내가 보니 여자애들이 매일 이런 흙을 바르는데, 이러면 얼마나 피부가 상하겠어요?"

송찬간포가 다소간 아픈 뺨을 어루만지며 말했다. "그래, 이건 아버지 대로부터 전해 내려온 풍습이야. 그리 좋지는 않지만 모두들 따라서 그렇게 해!"

문성공주가 말했다. "듣기에 얼굴에 이런 흙을 바르면 마귀를 쫓아내고, 나쁜 기운을 피할 수 있다지만 제가 관찰한 바로는 어떤 효과도 없는 것 같아요."

송찬간포가 고개를 끄덕였다.

문성공주가 다시 말했다. "이왕 아무 효용이 없고, 또 불편한데 왜 이런 풍습을 철폐하지 않나요?"

송찬간포는 문성공주의 손을 잡고 말했다. "맞아, 내 줄곧 이 문제를 생각하지 못했는데 당신의 말이 이치에 맞아. 내 내일 바로 이 습속을 폐지하도록 명을 내리지."

그러나 관습은 그 어떤 종류의 것이라도 폐지한다는 것이 간단한 문제가 아니어서 처음에는 일부 토번 사람들 특히 여러 노인네들이 매우 불편해 했다. 반면 젊은 처녀들은 마침내 얼굴에 이 보기 싫은 흙을 칠하지 않아도 되게 되었다며 아주 기뻐하였다. 문성공주는 일부 젊은이들을 시켜서 노인네들을 계몽하여 그 이치를 설명하게 했다. 이 일군의 완고한 노인네들도 점차 말이 통하여 모두 자신의 원래 얼굴을 지키는 것이 편하고도 보기 좋다고 생각하게 되었다. 후에 그들은 문성공주가 자신들을 위해 낡은 규범을 혁파한 것에 십분 감격하기까지 했다.

티베트는 먼 내륙에 있어서 유목을 주업으로 하며, 비록 약간의 쌀보리나, 메밀을 심기도 하였으나 항상 씨만 뿌리고 관리를 하지 않아 생산량이 극히 적었다. 문성공주는 올 때 한족의 밀, 땅콩, 콩 등 상용 작물의 종자도 가져왔었다. 송찬간포와 문성공주의 지원하에 농업기술자들은 계획적으로 토번 사람들에게 농업기술을 전수하고, 그들이 가져온 종자를 고원의 비옥한 땅에 파종播種하고, 정성껏 관개灌漑하고, 시비施肥하며, 제초除草까지 해주니 수확기에 이르자 생산량이 대단히 많았는데, 이는 토번 사람들로 하여금 중원에서 온 공주에게 또 한 번 감격해 마지않게 하였다.

문성공주는 또한 뽕을 심고 양잠養蠶하는 기술을 가져왔다. 송찬간 포는 일군의 사람들을 선발하여 당에서 온 기술자로부터 이 기술을 배우고 다시 다른 사람들에게 전수하게 했다. 이렇게 해서 점차 토번도 스스로 만든 견직물을 갖게 되었다. 그 견직물은 윤이 나고, 곱고 부드러우며, 색이 짙고 고우니 토번 사람들의 생활은 엄청나게 좋아졌다. 사람들은 좋아 어쩔 줄 모르며, 문성공주가 토번에 온 후 그들에게 가져온 좋은 일에 대해 십분 감사했다.

음악과 무도는 성당盛唐 문화의 가장 중요한 부분 중 하나인데, 당조의 음악은 그 자체의 음악 외에도 외래문화의 영향을 받아들여, 속악燕樂이나 사방악四方樂도 있었다.

당나라 사람들이 말하는 악곡에는 왕왕 음악, 노래唱歌, 무도舞蹈 등 예술 분야를 포함하기도 하는데, 무도 또한 건무健舞, 연무軟舞 등 종류가 다양했다. 건무는 강건하고, 웅장하며, 리듬이 명쾌한 반면, 연무는 부드럽고, 우아하며, 리듬이 편하게 늘어진다. 당대에 가장 유행하던 건무로는 호선胡旋, 자지柘枝, 호등胡騰 등이 있었는데, 모두 중앙아시아로부터 전래된 무도였다. 양귀비도 무도에 천부적인 재능을 갖춘 대가였는데 특히 호선무를 잘 추었다.

문성공주는 토번에 들어갈 때 성당盛唐의 풍부한 음악문화도 가져갔다. 한족 악사들은 자신들의 직분을 다하기 시작했는데, 송찬간포와 문성공주를 위해서 궁중에서 가장 널리 행해졌던 음악을 정성을 다하여 연주했다. 음악이 편하고 느리며 우아하고 아름다워 송찬간포는 선계의 음악仙樂을 듣는 느낌이었다.

송찬간포는 성당의 음악을 매우 좋아하여 천부적 재질을 가진 청춘 남녀들을 선발하여 한족 악사로부터 배우도록 했다.

고대의 황제는 모두 사관士官을 두고, 자신의 언행과 중대사를 기록하게 했다. 이들 문관들은 여러 단계를 거쳐서 선발되어 모두가 시서를 많이 읽고, 가슴 가득 경륜을 갖춘 유식한 선비들이었다. 당 태종이 토번에 공주를 호송하러 보낸 사람들 중에는 위와 같은 일군의 문사도 있었다. 그들은 토번의 문헌이며 기록을 정리하고, 송찬간포와 대신 간의 중요한 담화를 기록하는 일을 맡아서 토번의 정치가 원시성을 벗어나 정규화의 길을 걷도록 했다.

송찬간포는 이를 매우 기뻐하였는데, 송찬간포 본인도 어느 정도 책을 읽어서 지식이 곧 역량이라는 것을 잘 알고 있었던 것이다. 그는 대신과 귀족 자제들에게 문사들을 스승으로 모시고, 성심성의껏 섬기고, 한족문화를 배우며, 그들이 가져온 시서를 읽고 연구하도록 명하였다. 이어서 그는 귀족 자제들을 한 무리, 또 한 무리 보내서 산을 넘고 강을 건너 천리 먼 곳 장안으로 가 시서를 읽고 연구하여, 한족의 문화를 토번으로 끌어오도록 시켰다. 문성공주가 데리고 온 '문화방문단'과 '농업기술대'는 토번에서 전심전력 일했으며, 문성공주 본인도 자신의 식견으로 토번의 민정을 세심하게 체감하고 관찰한 다음, 합당하고 민심에도 부합하는 각종 건의를 해서 남편이 이 광활한 지역과 민간의 기풍이 사납고도 소박한 민족을 다스리는 것을 도왔다. 송찬간포 또한 그녀의 여러 건의를 최대한 받아들였다.

문성공주는 통치에 참여는 했지만 송찬간포에게 어떤 관직도 요구하지 않았고, 토번의 중대한 정치적인 결정에 대해서도 자신의 생각을 말할 뿐 무리하게 간섭하지 않았기에 송찬간포와 대신들은 그녀를 매우 존경하여, 늘 그녀에게 당나라 황궁의 정치제도를 가르쳐 달라고 청하여 그들의 행정에 참고했으며, 광범한 토번의 민중들은 그녀를 더욱 존경하여 신처럼 명철하다고 여겼다.

문성공주가 토번으로 시집간 후 수년이 지나자 토번의 경제와 문화는 크게 발전하였다. 이러한 혼인관계가 있었기에 당조와 토번의 관계도 줄곧 매우 좋아서, 후에는 항상 상호 간 사자를 파견하여 방문하게 되었으니 당 태종은 목적을 달성하였던 것이다.

정관 22년 당 태종은 장사 왕현책長史 王玄冊을 사신으로 토번에 보내 한편으로는 쌍방의 관계를 더욱 돈독히 하고, 한편으로는 멀리 시집간 문성공주를 찾아보게 했다.

문성공주는 황제가 사람을 보내 자신을 찾는다는 것을 알고 매우 기뻐하였으며, 동시에 당의 사절을 통하여 자기 집안사람들의 형편을 알고 싶어 했다. 어쨌든 자신은 토번에 와 있어 집안 사람들과는 천리 먼 길로 떨어져 있었고, 토번에서 장안까지는 교통이 불편하고 통신도 발달되어 있지 않아서 문성공주는 출가 후 집안사람들에 대해서는 어떤 소식도 듣지 못했던 것이다.

문성공주는 기다리고 기다려 마침내 당조의 대사신이 왔다는 소식이 오자, 서둘러 옷 매무새를 갖추고 송찬간포와 함께 영접하러 갔다.

왕현책을 만나보고는 두 사람 모두 크게 놀랐다. 왕현책은 겨우 몇 명의 종자만 데리고 왔을 뿐 어떤 것도 갖고 오지 않았을 뿐 아니라,

온몸이 더럽기 짝이 없는 것이 더할 수 없이 낭패를 당한 모습이었다. 두 사람은 서둘러 그를 앉히고 물을 먹인 다음, 그에게 어찌된 일인지 물었다.

왕현책은 탄식했다. "폐하가 맡긴 중임을 저버린 죄 많은 이 몸은 마땅히 죽어야 됩니다. 올 때 폐하께서 공주에게 줄 많은 견직이며 비단과 문물을 주셔서 가져왔는데 뜻밖에도 천축국을 지날 때, 천축 사람들을 만나 약탈당하여 내 겨우 약간의 인마를 데리고 탈출했을 뿐 대부분의 인마와 물품은 모두 강탈당했습니다." 말을 마친 다음 가슴을 치고 발을 구르며 통탄했다.

문성공주는 상황을 듣고 나서 서둘러 왕현책을 위로했다. "이건 천축 사람들의 잘못이지, 그대와는 관계가 없어요."

송찬간포도 말했다. "그렇소. 천축의 이놈들이 놀랍게도 당조에서 우리 토번으로 보낸 사절을 강탈하고 당신에게 몹쓸 짓을 한 것은 틀림없이 의도적으로 사단을 일으키는 것이니, 내 반드시 본때를 보여 주리다."

오래지 않아 송찬간포는 대군을 보내서 천축을 토벌하여 그들의 도성을 파괴하고, 천축의 왕자를 사로잡으며, 수많은 가축을 포획하고, 당조의 사절 수행인원을 구해서 돌아오니, 말하자면 왕현책을 대신하여 분풀이를 해 준 셈이었다.

당과 토번의 우호관계는 수십 년간 계속되었다. 정관 23년, 당 태종 이세민이 죽고 태자 이치李治가 즉위하니, 곧 당 고종高宗이다. 당 고종도 토번과의 관계를 중시하였으며, 당 태종의 '선린' 정책을 이어 갔다. 그는 송찬간포에게 부마도위駙馬都尉의 벼슬을 내리며, 사해군왕四海郡王에 봉하고, 사자를 보내 대량의 시서, 양식 종자, 금은, 비단을 보내왔고, 따로 문성공주를 위해 특별히 화장품과 장식품을 보내왔다.

송찬간포는 이에 크게 감동하여 상서를 올려 사은했다. "폐하께서 막 즉위하셨는데 신을 위해 이렇게 마음을 쓰시니, 신은 폐하를 위해 충성을 다할 것입니다. 만약 신이 두 마음을 품는다면 토번을 정벌해 주십시오." 그러면서 15종의 구슬이며 보배를 보내서 고종에게 태종의 영전靈前에 올려서 자신이 태종을 그리워하는 마음을 대신하여 표해 달라고 청했다.

당 고종도 송찬간포의 충심에 십분 감동하여 다시 그를 빈왕賓王에 봉하고, 더욱 많은 비단을 하사했다. 토번의 사자는 당 고종이 기뻐할 때를 틈타서 그에게 술을 빚고, 쌀을 빻으며, 지필묵과 연적紙筆墨硯을 만드는 법을 전수해 달라고 청원했으며, 당 고종은 모두 들어주었다. 이에 이르러 당과 토번의 관계는 문성공주를 매개로 하여 이미 물과 우유가 하나로 용해된水乳交融 것 같은 최고의 경지에 달했다.

송찬간포는 문성공주의 도움을 받으며, 당조의 문화, 기술과 정치 제도를 배워서 개혁을 힘써 추진하는 동시에 어진 신하를 등용하니, 토번은 군사, 정치, 경제, 문화 등 각 방면에서 비약적으로 발전하여 서역의 패자로 칭할 수 있었으며, 당 왕조에게는 서방의 유력한 방패가 되어 주었다.

문성공주와 척존공주 ː 文成公主 VS 尺尊公主

토번의 찬보로서 송찬간포의 신변에는 당연히 여인들이 많을 수밖에 없었는데, 그에게는 세 명의 장藏*족 처가 있었다. 비록 죽은 지가 嶀嘉비가 그를 위해 유일한 계승자인 공송공찬貢松貢贊을 낳았으나, 이 세 장족 비는 일찍이 결혼할 때 바로 정식 왕비의 칭호를 받지 못했다. 여러 가지를 고려하여 송찬간포는 왕비의 자리를 우선 네팔공주 척존에게 주었다.

그해에 토번은 송찬간포의 영도 아래 국력이 욱일승천하였다. 젊은 송찬간포는 사방을 정벌하여 많은 영토를 정복하였으며, 주위의 소국들을 겁에 떨게 하였다. 그때 송찬간포는 겨우 19세로 바로 혼인 적령기였는데, 네팔 공주가 어리고 예쁘다는 말을 듣고는 네팔과 혼인관계를 맺고자 했다. 그러나 네팔 국왕은 딸을 멀리 시집보내고 싶지 않아 동의하지 않았다. 후에 송찬간포는 갈이동찬을 사신으로 보내서 위협하며 말했다. "만약 공주를 송찬간포에게 시집보내지 않으면 대군이 네팔로 쇄도해 올 것이다." 동시에 송찬간포는 네팔과 토번의 국경 지대에 이미 대군을 파견하여 주둔시켜 두었다. 네팔의 국왕이 보니 정세가 불리하여 수락할 수밖에 없었다. 그는 중신을 보내 시집가는 척존공주를 수행시켰으며, 척존공주가 불교를 믿기 때문에 불경, 불상 등도 함께 보냈었다.

....
* 오늘날의 티베트를 뜻한다.

척존공주의 특수한 신분 때문에 송찬간포는 그녀를 제일 왕비로 봉하고, 결혼 후에 그녀에게 매우 잘 대했다. 이것은 척존공주에게 얼마간 위로가 되었으며, 이리하여 그녀는 안심하고 토번에 살면서 송찬간포와 함께 지냈다.

척존공주는 본래 성미가 그렇게 나쁘지 않고, 권력욕이 그리 많은 사람도 아니었지만, 이것은 그녀가 후궁에서 유일무이한 공주이며, 후궁의 누구도 그녀와 비교가 되지 않아 누구도 그녀와 다투지 않았기 때문이기도 했다. 그러나 문성공주가 토번에 오자 상황은 바로 바뀌었다.

마찬가지로 화친을 위해 온 공주로서 척존공주는 일찍이 자신의 지위와 신분을 자각하고 있었다. 다만 그녀가 비교적 운이 좋았던 것은 자신을 잘 알아주는 송찬간포를 만났던 것이다. 대당의 공주를 화친의 배필로 맞는 데 대해서 그녀는 마음속으로 여자 특유의 근심과 불평이 있었지만 다년간의 궁중생활로 내색하지 않고 참는 것을 일찍이 배운 터였다.

설마하니 자기 한 사람의 요구 때문에 송찬간포가 토번의 이익을 포기할 수 있단 말인가?

그러나 여러 해 궁중생활을 해 온 척존공주는 마음속으로 여전히 좌불안석이었으니, 일대 군왕의 보살핌이 얼마나 오래 갈 것인가? 문성공주라는 이 새 신부가 온 다음에도 그녀 척존공주가 정말로 같은 위치에 있을 수 있을 것인가?

그 외에도 같은 공주라 하지만 문성공주는 어쨌든 대당이 은혜로

이 하사한 공주로 송찬간포가 갈이동찬을 여러 번 사신으로 보내서 애걸해 얻어 온 공주이니, 네팔이 국가를 보존하고자 화친을 구걸하면서 보내온 척존공주와는 동일한 선상에 두고 말할 수 없는 터였다. 척존공주는 생각할수록 불안해져서 여인의 좁은 소견으로 앞서 선수치는 것이 상책이라고 결심하게 되었다.

문성공주와 송찬간포의 결혼식은 송찬간포가 문성공주를 맞기 위해서 뤄쒜를 떠날 때 이미 준비하기 시작하여 전담 대신이 책임지고 진행했다. 그러나 왕이 없으면 왕비의 권력이 최고이다. 질투에 눈이 먼 척존공주는 백방으로 결혼식 준비를 방해하여 송찬간포가 돌아올 때까지도 신방이 준비되어 있지 않았고, 뤄쒜 전체에 신혼의 분위기는 조금도 없었다.

결혼식 준비를 책임진 대신은 화가 났으나 감히 말할 수 없었는데, 송찬간포도 돌아와 심히 화났지만 문성공주가 옆에 있어 크게 내색하기도 곤란하여 이 대신을 파직하고 다른 대신을 책임자로 하여 결혼식을 준비시키고 자신이 친히 감독했다.

결국 한달 후에야 결혼식은 거행될 수 있었다.

그런데 놀랍게도 이번의 결혼식은 척존공주를 취해올 때보다 더욱 융숭했다.

척존공주는 노하고 다급하여 심사가 말이 아니었다. 혼례 중 식사 때 그녀는 그새를 기다리지 못하고 문성공주에게 한마디 쓴 소리를 했다. "동생은 멀리에서 이 나라에 오느라 오는 길에 고생이 많았어요. 자매는 아름답고 현숙하지만 내가 연장자이니 여기 온 후로는 나를 윗사람으로 인정해야 합니다."

문성공주는 그녀가 이렇게 막 나올 줄은 생각하지 못했으나, 원래가 관후한 사람이라 "나는 공주와 겨룰 의사가 없어요. 우리는 자매로서 한마음으로 협력하여 찬보를 보좌하는 것이 제일 중요하니, 서로 화목하게 지내요."라고만 말했다.

그러나 문성공주의 성의가 척존공주에게는 통하지 않았다. 그녀는 일찌감치 문성공주와 한판 겨루려고 준비를 했다. 얼마간 시간이 지나자, 척존공주는 문성공주가 가져온 석가모니 등신상*을 들고 나왔다. 척존공주도 불교를 믿고 있었다.

그녀가 말했다. "애당초 내가 네팔에 있을 때, 온 나라 사람들이 아래위로 모두 불법을 존숭尊崇하였으나, 이 눈 덮인 고원雪域高原에 시집온 이래 부처님으로부터 멀어지는 느낌이었는데 이제 동생이 여기 석가모니 등신상을 가져왔으니……."

이렇게 말하더니 척존공주는 일어나 송찬간포 앞에 꿇어앉았다. "찬보님, 신첩이 감히 한 말씀 올립니다. 동생이 가져온 이 석존불상을 위해서 사원을 세울 수 있을는지요?"

송찬간포는 듣더니 매우 기뻐했다. "두 왕비가 모두 불교를 믿고, 이 석가모니 등신상은 세계에서 4좌밖에 없는 것이니 내 두 사람이 사원을 건립하는 것을 허락하노라."

이렇게 해서 문성공주가 시집온 지 오래지 않아 척존공주의 건의

---

* 等身像 : 실제 인물과 같은 신장의 조상을 뜻한다.

하에 송찬간포가 명을 내려서 석가모니 등신상을 모실 사원을 세웠는데, 후세 사람들은 이를 '대소사大昭寺'라 불렀다.

소위 등신상이라 함은 불교 세존 석가모니가 도를 깨우친得道 후 신도들의 요청을 받아들여서 자신의 12세 때, 25세 때 등 4개 연령 시절의 실제 모습과 같은 모양으로 건조한 크고, 작은 불상으로 전해지는 말로는 세존의 모친의 기억을 참조해서 만들었고, 석가모니 본인이 친히 첫 불공을 올렸다고 한다.

대소사는 명의상 척존공주가 창건을 주재했지만 실제로는 두 공주가 서로의 기량을 겨루는 장이 되었다.

대소사를 처음 착공하자 곤란한 점이 한두 가지가 아니었다. 장족의 전설로는 당시 벽을 세우면 바로 무너진다고 전해지고 있어서 근본적으로 벽도 세울 수 없었다고 한다.

척존공주가 매우 번민하며 아무 수가 없을 때, 문성공주는 자세히 살펴 본 후 절을 지으면 바로 무너지는 것이 부숴버리는 사람들이 있기 때문이라는 것을 알아냈다. 당시 장족은 자기들 고유의 신앙이 있었는데, 대소사가 섬기는 것은 불교의 석가모니였으므로, 이는 현지의 다른 종교들의 적대감을 불러 일으켜서, 그들이 밤에 몰래 와서 이미 세워 놓은 사원의 담장을 밀어서 넘어뜨린 것이었다. 뤄쒜의 강과 계곡은 나찰마녀羅刹魔女의 형상을 하고 있었는데, 문성공주는 이를 고려해서 마녀의 심장 부위에 사원을 세우기로 결정했다. 전설에 의하면 이렇게 함으로써만 나찰마녀를 제압할 수 있기 때문이라고 한다. 게다가 그곳은 호수와 늪이어서 사람들이 쉽게 접근하여 부술

수도 없었다.

비록 문성공주가 사찰을 세울 방향과 위치를 지정했으나 척존공주는 이를 따르고자 하지 않았으니, 그것은 체면에 관한 문제였다. 이렇게 두 사람이 서로 대치하여 양보하지 아니할 때 송찬간포가 그런 미묘한 문제점을 파악했다.

하루는 송찬간포가 척존공주와 함께 식사하던 중 대소사는 어떻게 건립되어 가는지 물으니 척존공주의 얼굴에 난색難色이 드러났다.

그러자 송찬간포는 반지 하나를 뽑으면서 공주에게 말했다. "이왕 공주가 어디에 절을 세울지 결정을 못하고 있으니, 하늘에 결정을 맡기지. 내가 이 반지를 하늘에 던져서 어디에 떨어지는지를 보고 바로 그곳에 절을 지을까 하는데 어떠한가?"

척존공주는 송찬간포가 고심함을 알아채고 응낙했는데, 그 결과 반지는 정확하게 호수 가운데 그 자리에 떨어졌다.

바로 이렇게 송찬간포의 조정하에 대소사의 부지 문제는 순조롭게 해결되었다. 이런 일을 거치면서 척존공주도 지난 일을 잊고 문성공주와 사이좋게 지냈다. 두 사람이 송찬간포의 정무 처리에 도움이 되니, 토번은 이 시기에 크게 발전하였다.

실제 대소사를 건립한 후 처음 모시고 불공을 올린 것은 척존공주가 가져온 석가모니의 8세 등신상이었다. 8세기 전반 당조에서 금성공주가 토번으로 시집온 후, 석가모니의 8세 등신상은 소소사小昭寺로 옮겨서 안치되고, 문성공주가 토번에 가져온 석가모니 12세 등신상을 대소사에 모셔서 봉양했다. "자오소昭"는 티베트어를 음역한 것으로 그 뜻은 부처佛라는 것이므로, 대소사는 곧 큰불상大佛*을 공양하는 신전이었던 것이다.

절은 지어졌지만 그 시절 티베트에는 중이 없어서 대소사는 창건된 후 돌보는 사람이 없었다. 후에 수차례에 걸쳐 확장되어 건축면적이 25,100여m²가 되고 나서 소수 승려들이 절을 관리하기 시작하였으나 구체적으로 불교의 어느 파에도 속하지 않았다.

그러나 그 후 황교**가 흥해진 후 매년 이곳에서 대법회가 열렸으며, 역대 달라이達賴***나 반선班禪****이 계를 받는受戒 의식도 이곳에서 거행되었다. 대소사는 티베트 역사상 중대한 불교 활동의 중심지가 된 것이다.

송찬간포와 문성공주, 척존공주가 불교를 전파했다는 점에서 업적이 있었으므로, 티베트의 불교경전에는 이들을 보살이 환생한 것으로 묘사되어 있다. 송찬간포는 불교를 지키는 3대 법왕護敎三大法王 중의 하나이고, 문성공주는 구조보살救助菩薩이며, 척존공주는 노문보살怒紋菩薩로 되어 있는 것이다.

문성공주가 토번 백성들에게 가져다준 복지에 대해 백성들이 은혜에 감사하는 마음은 하나의 전설이 되어 후대로 전해졌다. 오늘날에

---

* 대불의 대(大)는 실제로 나이가 많다는 의미가 있다.
** 노란 승력복을 입은 라마교 최대의 교파. 라마교는 티베트의 불교이다.
*** 티베트불교 격로파(格魯派=黃敎)에서 반선(班禪)과 동렬의 양대 종교지도자 중 하나로 정식명칭은 달라이라마(達賴喇嘛)이다. 달라이(達賴)는 몽고말로 바다(海)를 뜻하고, 라마(喇嘛)는 티베트어(藏語)로 윗사람, 높은 사람(上人)이란 뜻이다.
**** 황교에서 달라이와 동렬의 종교지도자, 반(班)은 범어(梵語) 班智達(pandita)의 약어(略語)이다.

이르기까지, 장족의 전통적인 8대 티베트극藏戲 중 첫 번째 것이 바로 〈문성공주〉이다. 티베트 백성들에게 그녀는 바로 천상 신녀의 화신이었다. 동시에 문성공주를 보살로 부르는 것도 그들에게 새로운 생활을 가져다준 중원의 이 공주에 대해 감격하고 존경하며 숭앙하는 정을 나타낸 것이다. 이 눈 덮인 고원에서 문성공주의 지위는 숭고한 것이어서 만약 어떤 사람이 문성공주와도 같다고 말해진다면 그것은 그 사람에 대한 최고의 찬미가 되었다.

속세 인연의 끝 ┊ 塵緣的盡頭

송찬간포와 문성공주는 서로 매우 사랑했지만, 그들 사이에는 아들도 딸도 없었다. 송찬간포에게는 단 하나의 아들, 망비芒妃가 낳은 공송공찬만이 있다. 망비는 어떤 부락 수령의 딸로서 송찬간포의 첫 번째 처였다. 공송공찬은 어려서부터 총명하고 영리하여 송찬간포가 매우 사랑하였으며, 스승을 초빙하여 그에게 시서를 읽히고, 무예를 익히게 했다. 어린 공손공찬은 또 언변에 능하고, 전투를 잘하는 부친으로부터 많은 것을 배워 부친과의 관계가 매우 좋았다.

공손공찬이 13세가 되자, 당시 토번이 이미 욱일승천의 기세로 발전하던 그때, 송찬간포는 왕위를 그에게 물려주고, 자신은 아들을 보좌하여 일상 사무를 처리했다. 어린 공손공찬은 부친의 가르침 아래 정사를 처리함에 있어서도 경험을 쌓아 갔으며, 송찬간포도 이 총명하고 사리에 밝은 아들이 자신을 많이 닮았다고 생각하며 갈수록 더 사랑했다.

공송공찬은 13세에 왕위를 계승하였으나 아직은 어린 아이로서 아이들이 좋아하는 것은 그도 모두 좋아했다. 평상시 조정사를 처리하고, 책을 읽고, 무예를 수련하는 외에 그는 말 타는 것을 매우 좋아했다.

기마는 공송공찬이 가장 좋아하는 것으로 일이 없을 때는 그는 자신의 수하에서 연배가 비슷한 소년들을 불러서 함께 말을 타러 갔다.

뤄쉐 북쪽의 팽역 색막강彭域 色莫崗은 공손공찬이 늘 가는 곳으로 이곳은 일망무제로 트여 있을 뿐 아니라, 바로 옆은 협곡으로 시야가 광활하게 트여 있어 말도 이곳에서 뛰기를 특별히 좋아했다.

젊은 찬보가 가장 좋아하는 말은 한필 흑색의 준마로 이 말은 제일 건장하고 성질도 대단했다. 18세의 젊은 찬보는 한창 젊고 힘이 넘칠 때라 이 말을 길들이며, 타고 달릴 때는 특별한 성취감을 느껴서 매번 말을 탈 때마다 이 말을 불렀다.

어느 날 점심식사 후 공손공찬은 다시 흥이 일어서, 그의 수하 중 적상양돈赤桑羊頓 등 몇 사람을 불러서 팽역색막강으로 말을 타러 갔다. 이때는 바로 봄이 지나고 여름으로 접어들 무렵이어서 날씨도 이미 점점 더워지기 시작한 데다가, 시간이 정오 무렵이라 온도는 30도가 넘었다. 젊은 찬보 등 몇 사람은 뜨거운 태양을 머리에 받으며 팽역색막강에 다다랐다. 찬보는 자신이 가장 아끼는 말을 끌어오게 하더니 한 번에 말 위로 뛰어 올라탔다. 한소리 구령이 구름 밖으로 메아리치며 눈 깜짝할 사이에 그는 이미 말과 함께 멀리 달려가 있었다. 그의 수종 적상양돈이 이를 보더니 서둘러 말에 채찍질하며 따라 갔다.

젊은 찬보는 말을 타고 나무가 우거진 속으로 뛰어갔는데, 오늘 말을 보아하니 너무 더워서인지 겁내고 초조해하며 불안해하는 것이 어딘지 말을 잘 듣지 않았고, 수림 속으로 들어가더니 속도가 확 느려졌다. 공송공찬이 채찍을 휘둘렀으나 거의 아무 효과도 없었다.

공손공찬의 말은 수풀 속 작은 길을 달리더니, 정지해 버렸는데, 왜인지 나아가기를 불안해하고 있었다. 공손공찬은 한편으로 말을 때리고, 한편으로 욕했다. "아무 짝에도 쓸모없는 것 같으니, 네 놈이 그래도 대단하다고 할 수 있느냐? 오늘은 어째서 잠깐 나가다가 바로 서 버리는 거야?" 수림 속은 조용하여 말이 걷는 소리만이 들렸다. 적상양돈 등은 아직 도달하지 않은 때였다.

갑자기 검은 준마가 비명을 질러 공손공찬이 고개를 들어 보니, 불과 50미터 앞에 거대한 이무기가 나무에서 똬리를 틀며 내려오고 있었다. 찬보는 생각할 겨를도 없이 날뛰는 말에 의해서 바닥으로 나가 떨어졌다. 공손공찬은 방어할 틈도 없었는지라 그 머리가 강하게 바닥에 처박혀 혼절하고 말았다.

적상양돈 등 몇 사람이 말 울음소리를 듣고 황급히 수림 속으로 달려와 젊은 찬보를 찾았을 때, 그의 온몸에는 이미 유혈이 낭자했다. 그 거대한 이무기는 여러 사람이 오는 소리를 듣고는 조용히 사라진 뒤였다. 적상양돈은 놀라 새하얗게 질린 얼굴로 황급히 젊은 찬보를 부축하여 말에 싣고 뿌달라 궁으로 돌아갔다.

송찬간포는 뿌달라 궁에서 문성공주와 국사를 의논하다가 시종으로부터 찬보가 다쳤다는 보고를 받고 서둘러 의사를 보내 살피게 했다.

의사는 신속히 왔으나, 이때 이미 공송공찬은 출혈이 너무 심할 뿐 아니라 두개골이 파열되어서 날이 밝기도 전에 죽고 말았다.

송찬간포는 비통해 하며 오후 공손공찬이 돌아왔을 때부터 줄곧 눈도 깜빡하지 않고 아들의 신변을 지키고 있었다. 의사가 온몸에 피를 뒤집어 쓴 공손공찬을 지혈하며, 약을 바르는 것을 바라보고, 이후 아들이 고통의 신음 속에 죽어가는 것을 지켜보았다. 이 고원의 강철 같은 이 사나이의 눈에도 눈물이 흘렀다.

인생에서 중년에 아들을 잃는 것보다 더한 불행은 없는데, 특히 송찬간포로 말하자면 단 한명이었던 아들이 자신을 떠나니 이 사나이가 못 견뎌 하는 것은 친생골육親生骨肉이 죽어간 것만이 아니라 자신이 온갖 고난을 견디며 일으킨 토번이 후계자를 잃었고, 또 아무런 대책도 없다는 것이었다.

공송공찬이 죽은 후 송찬간포는 한순간에 확 늙어 버렸다.

그는 늘 아들의 묘를 찾아 한번 앉으면 반나절을 넘을 놓고 있었으며, 다른 사람들이 여러 번 권하고, 문성공주와 척존공주가 안에서 간해도 아무런 소용이 없었다. 그의 아들에 대한 애정은 너무 깊었던 것이다. 오래지 않아 너무 비통해 하던 송찬간포 또한 이 세상과 영원히 작별하고 말았으니, 이때 그의 나이 겨우 35세였다.

송찬간포가 세상을 떠난 것은 전 토번 사람들을 깊은 슬픔의 나락으로 빠뜨렸다. 토번의 풍속에 따라 송찬간포에 대해서는 토장을 했는데, 토번에서 토장土葬*은 송찬간포 등 몇 명의 소수 찬보만이 누릴 수 있었으니 토장은 토번에서 가장 융숭한 장례의식이었던 것이다. 당시의 당나라 황제 고종도 사신을 보내서 조문했다.

송찬간포가 세상을 떠난 후 토번 사람들은 그를 위해 거대한 토묘土墓를 축조했다. 이 토묘는 송찬간포의 고향 ― 경결현 경결촌瓊結縣瓊結村 ― 에 세워졌다.

이 묘는 계단식 토장묘土葬梯台墓였는데, 계단 높이는 5층 건물 정도이며, 평면은 정방형으로 윗부분은 한 변이 약 200m이며, 기단부는 한 변이 약 250m로 형상은 이집트의 피라미드와 같으나, 정상의 정사각형 첨탑은 없다. 송찬간포 이후의 몇몇 찬보도 모두 이 안에 안치되었으며, 각각 동서남북의 산자락에 두어서 서로 멀리 바라보도록 했다. 10여 기의 흙으로 쌓아 올린 높은 대가 천 년이 넘도록 잘 보존되어 있다.

송찬간포의 묘 꼭대기에는 화강암으로 건조된 길이와 넓이가 각각 수 장*씩 되는 신실神室이 있어 분묘를 수호하고 향을 태우는 데 사용되고 있는데, 이 천 년 고분은 아직도 향불이 끊이지 않고 있다.

송찬간포가 죽은 후에도 문성공주는 토번을 떠나지 않고, 이 신비한 고원을 지키며 문명을 전파하는데 힘을 다했다.

송찬간포가 죽은 후 그의 손자, 즉 공송공찬의 아들 망송망찬芒松芒贊이 찬보의 자리를 계승했는데, 이 어린 찬보는 겨우 몇 살이었다.

---

* 매장을 뜻한다.
* 1장(丈)은 10척(尺)으로 약 3.3m에 해당한다.

찬보가 어린 관계로 국사는 갈이동찬의 한손에 장악되었으며, 집안일은 문성공주가 처리했는데 이때까지는 그래도 모든 것이 평온하였다고 볼 수 있었다.

그러나 오래지 않아 갈이동찬도 죽고, 그의 아들 흠릉연습欽陵沿襲이 대륜大輪이 되었는데, 이때 토번과 토욕혼의 관계가 악화되었다. 두 나라는 모두 당조에 하소연하면서 당 왕조에서 누가 옳은지, 누가 그른지 판단해 주기를 청했으나 당 고종은 성격이 우유부단하여 미루기만 할 뿐 재결하지 못했다. 흠릉은 젊고 성질이 급해서 기다리지 못하고 토욕혼과 전쟁을 벌여서 토욕혼을 패배시켰다.

당 고종은 어찌 재결할지 몰라 하던 중에 놀랍게도 토번이 당 왕조의 회신을 기다리지도 않고 출병한 것을 보고는 저도 모르게 체면이 말이 아니라고 생각했다. 그래서 고종은 설인귀를 파견해서 토번을 토벌하게 했다.

토번 군은 막 토욕혼을 이긴 터라 사기충천하여 당조에서 대군을 보낸 것을 보고도 두려워하지 않고 놀랍게도 설인귀의 군대를 대패시켰다. 이때부터 토번은 대당에 대해 신하로서 복속하지 않을 뿐 아니라, 수시로 당의 변경을 침범했다.

당조에서는 할 수 없이 대군을 보내 당과 토번의 국경 지대에 상주시켜서 토번의 침략을 방지했으니, 쌍방은 이제 적대적인 국면으로 들어서게 되었던 것이다.

당 태종 정관 15년 문성공주가 송찬간포에게 시집간 때부터 시작하여 당 고종 함형咸亨 원년 설인귀가 군대를 이끌고 토번을 칠 때까지 장장 30년이었다. 문성공주가 토번을 위해 당조의 선진문화를 가져가서 내륙 깊숙한 곳에 있는 토번의 경제와 문화가 크게 발전하도록 하여 당조와 토번의 관계가 하나로 융합되었던 것이다. 애석하게도 당 고종이 이 좋은 국면을 공고하게 하지 못하고 경솔하게 군을 동원하여 전쟁을 벌였다가 수습할 수 없는 국면을 만들어 태종과 문성공주가 고심고심 꾸려온 우호관계는 끝나 버렸으니, 유감스런 일이라 아니할 수 없다.

서기 680년 문성공주가 뤄쒜에서 병으로 타계하였고 당 고종은 특별히 사신을 보내 제품祭品을 올리고 추모하였는데, 당조에서는 사실 이를 기화로 쌍방의 악화된 관계를 완화해 보고자 하였던 것이지만 당의 사신은 그렇게 대우 받지 못했고, 쌍방의 관계는 개선될 수 없었다.

그러나 문성공주의 위망이 이 때문에 저하되지는 않았다.

문성공주가 죽은 후 토번 사람들은 도처에 절을 세워 그녀에 대한 그리움을 표했다. 문성공주를 따라갔던 문사와 공장工匠*들도 계속 후한 예우를 받다가 죽은 후에는 하나같이 문성공주 묘의 양 옆으로 안장되었다. 지금까지도 문성공주와 그가 데려간 문사와 공장들은 여전히 티베트 사람들에게는 신처럼 명철한 것으로 인식되어 있다.

그래도 위안이 되는 것은 당 고종 이후의 황제들은 중종 등과 같이 모두 토번과의 우호관계에 주의하였던 것이다. 서기 710년 당 중종,

---

* 기술자를 말한다.

즉 고종의 아들은 금성공주를 토번의 찬보에게 시집보냈다. 서기 729년 토번의 찬보는 사자를 보내서 당의 현종을 알현하게 하고, 당조와 한 집안이 되어 천하 백성들이 영원히 태평세월을 누리게 하고 싶다면서 우호적인 마음과 소망을 표했다. 문성공주의 오래된 소망이 그녀의 사후에 다시 계속되어 갔던 것이다.

문성공주는 책을 읽어 예법을 깨쳤으며, 힘들고 위험함을 피하지 아니하고 멀리 토번에까지 시집가, 데려간 사람들로 하여금 현지 백성들을 위해서 농사를 가르치게 하고, 친히 쌀보리 등 곡물을 재배하는 것을 지도했다. 그녀가 데려간 공장들은 토번 사람들이 농기구와 방직기기, 도정기기를 만들도록 도와주며, 도자기와 종이, 먹을 만들고, 술을 익히는 등 수공업을 일으켰다. 나아가 문성공주는 티베트의 대신들이 티베트 문자를 만들도록 격려하기도 하였으며, 후일 그녀는 다시 수많은 한족의 서적을 티베트 문자로 번역하여 당과 토번의 문화교류를 촉진하였다. 그녀는 토번에서 근 40년을 살면서 토번의 경제와 문화의 발전에 지대한 공헌을 하였다.

▌역자 후기

  법률가로서 중국과 중국법에 관심을 가지고, 대륙을 내왕한지 10 여 년, 중국어 교재로부터 법률서적과 소설 등 많은 중국 서적을 읽으면서 업무와 일상사에 임하던 중 이 책을 만나게 되었다.

  내용이 너무 재미있을 뿐 아니라 풍부한 역사적인 지식을 전달할 수 있는 것이어서 읽은 후 한국의 독자들에게 이를 소개할 욕심을 가지게 되었고, 저작권을 가진 출판사와 미팅을 가지고 인하대하교 문과대학 학장이자 '문학과 지성사'의 대표이사인 홍정선 교수님으로부터 '글누림출판사'의 최종숙 대표를 소개 받아 출판을 부탁하여 오늘 이 책의 출판에 이르게 되었다.

  책 내용을 보면, 항우가 자신의 처인 여치(후일의 여태후)를 팽살하겠다고 위협했을 때 "잘 알아들었으니 죽일려면 죽이시고, 편한대로 하시오."라고 응수하고, 다시 자신의 부친 유태공을 팽살하겠다고 협박하자 "그대와 나는 일찍이 의형제를 맺었으니, 나의 아버지는 곧 그대의 아버지라, 그대 만약 아버지를 삶아 먹을 생각이라면 잊지 말고 나에게도 그렇게 만든 스프 한 그릇 나눠 주게"라고 딴청을 부린 유방의 엉뚱함과 배포, 측천무후 시절 혹리들 사이에 서로 고문하고 죽이는 과정에서 나타난 "그대 독에 들어가시게(請君入甕)"와 같은 촌철살인의 한마디, 사랑하는 여인 진원원을 이자성의 부장이 데려 갔다는 한마디에 격노하여 한순간에 역사를 바꾸는 결정을 내린 오삼계의 "관을 찌른 한바탕 분노(衝冠一怒)" 등 곳곳에 포복졸도할 재미와 놀라움이 가득하며, 왕소군의 원사(怨詞)에는 중원을 떠나 오랑캐 땅으로 시집가는 왕소군의 애절한 심정이 절절이 배어있고, 양귀비를 노래한 이백의 〈청평조사(淸平調詞)〉, "여지가 오는 것을(荔枝來)"로 마치는 두목(杜牧)의 시, 양귀비 자신이 쓴 〈장운용에게 주는 춤(贈張雲容舞)〉 등 시(詩)들에서는 절묘한 언어의 유희를 맛볼 수 있다.

한 가지 덧붙일 것은 이 책의 자매서로 동시에 출간된 책이 "중국 역사상의 10대 제왕"인데, 두 책을 서로 다른 저자가 저술하였으되 시대적으로 겹쳐지는 부분, 예컨대 한고조 유방 시절, 명말 청초를 지내면서 청대 강희제에 이르러 멸문의 화를 입게 되는 오삼계의 행적 등 역사적인 사실은 정확히 일치한다는 것이다.

편집을 기획한 출판사에서 서문으로 밝힌 것처럼, 이 책은 그야 말로 걸출한 인물들의 전설적인 행적과 삶의 기록을 역사적인 사실에 부합하게 예술적으로 표현했던 것이다.

독자 여러분에게 책 읽는 재미와 동시에 역사적 지식의 편린을 제공하는데 부족함이 없으리라 생각한다.

치송출판사의 구읍홍(裘挹紅) 여사를 만나 왜 좀 더 풍부한 내용으로 좀 더 긴 문장으로 편집하지 않았는지를 물었을 때, 그녀는 현재의 중국인들이 이 정도 이상의 분량이면 지루함을 느끼고 잘 읽으려하지 않으므로, 내용을 최대한 축약하였다고 했다. 이 또한 독자들의 심사를 세심하게 고려한 것으로 오늘날 우리나라 독자들의 취향도 이와 같지 않은가 생각되었다.

나는 전문적인 번역인이 아닐뿐더러, 중국어를 전공한 문학도도 아니다. 다만, 언어는 문화이며, 그 언어에 녹아 있는 그 나라, 그 지방의 인심과 정서를 이해한다면 그 뜻을 정확히 전달할 수 있으며, 번역의 왕도는 직역이라고 믿고 이를 실천하려 했다.

이 책에서 많은 시와 고사성어가 나오지만 대부분은 직역하려고 애썼고, 그 결과 다소 문장이 딱딱해 지긴 했지만 그래도 최대한 원문의 뜻을 충실히 전달하였다고 자부한다.

시와 많은 고사성어는 그 원어를 모두 실었으므로, 중국어와 중국문학을 이해하는 많은 독자들이 혜안으로 음미하고, 부족한 부분에 대해 가르침을 내려 주셨으면 하며, 강호제현의 가르침이 있어 다시 탈고할 기회가 있으면 적당한 시기에 한중 대역본으로 중문학도들에게 재미 있는 교재로 제공할 수 있으리라고 생각한다.

끝으로 치송출판사와의 만남을 주선해 주었던 대외경제무역대학의 최옥산 교수와 중문학자도 아닌 필자를 믿고 이 원고의 출판을 결심해 준 글누림출판사의 최종숙 대표와 꼼꼼하게 편집을 마쳐 주었던 이태곤 기획편집부 본부장과 난해한 한시의 해석을 도와주었던 경인법무법인 천진 사무실의 조청(趙靑) 변호사, 바쁜 일상의 업무 중에 짬을 내어 초벌 및 마무리 교정을 맡아 주었던 경인법무법인 인천 본부의 임양희 양에게 고마운 정을 전한다.

2011년 새해를 맞이하며
역자 이덕모

저자 · 역자 소개

저자 장숙연

저자는 이 책을 통해 역사적으로 널리 이야기가 전해져 오는 인물들을 골라서, 그들의 전설적인 행적과 삶의 기록을 역사적인 사실에 부합하게 예술적으로 표현하고자 했다. 1982년 4월 출생했으며, 2008년 화동 이공대학 사회학과를 졸업했다. 현재 광주의 한 신문사에 근무하고 있으며, 10여 편의 글을 발표했다.

역자 이덕모

법률가로서 중국과 중국법에 관심을 가지고 있으며, 10여 년 동안 중국 대륙을 오가며, 중국어 교재로부터 법률서적, 소설 등 많은 중국 서적을 읽었다. 이와 같은 관심과 열정으로 본연의 업무와 병행하여 중국 문화, 예술 도서의 번역에도 힘쓰고 있다. 경북고등학교와 서울대학교를 졸업하였으며, 사법연수원을 수료한 후 검사로 재직하였다. 인천지방변호사회 부회장, 17대 국회의원으로 의정활동을 수행하였으며, 현재는 중국 북경잉커(천진)법률사무소(北京盈科(天津)律師事務所) 한국부 특별고문과 경인법무법인 대표변호사로 일하고 있다.

중국을 뒤흔든 불멸의 여인들 1
- 중국 역사상의 10대 여성
(원제 : 中國歷史上的 十代女性)

초판 1쇄 발행 2011년 2월 10일
초판 2쇄 발행 2011년 5월 30일

저　　자 장숙연
역　　자 이덕모
펴 낸 이 최종숙
펴 낸 곳 글누림출판사

책임편집 이태곤
편　　집 임애정 오수경
디 자 인 안혜진
마 케 팅 문택주

주　　소 서울시 서초구 반포 4동 577-25 문창빌딩 2층(137-807)
전　　화 02-3409-2055(대표), 2058(영업), 2060(편집)
팩　　스 02-3409-2059
홈페이지 www.geulnurim.co.kr
전자메일 nurim3888@hanmail.net
등록번호 제303-2005-000038호(2005.10.5)

ISBN 978-89-6327-109-5 04910
　　　　978-89-6327-108-8(전2권)

정가 10,000원